这样做指导，
难带员工
变能干！

［日］石田淳 著

范宏涛 译

江西人民出版社

Jiangxi People's Publishing House

前　言

对企业来说，最大的财富便是"人"。无论拥有多么好的工厂来制造优质产品，到头来推动工厂运转、销售产品的仍然是人。没有人的存在，企业将无法营利。

因此，企业都对优秀人才的录用大伤脑筋。但仅关注这一点并不能开拓光明的未来。招聘时正确地分析应聘者的能力实属困难，而原本就优秀的人才也鲜能碰见。

然而不可忽视的是，日本已经快速地进入了劳动力人口锐减的时代。为了生存，企业的重心并不在于"如何招募优秀的人才"，而是"如何培养现有人才"。

这对作为一线领导的管理者来说道理亦然。慨叹"为什么自己的团队没有优秀的下属""为什么员工不能创造更高的业绩"毫无意义。说得严重些，这都是管理者未能培养员工所致。如果有闲暇时间纠结现状，不如抽出时间培养人才。

当然，管理者为培养员工也付出了努力，只是这种努力并未产生实效。无论对员工如何苦心指导，员工都不能按照预期执行。这就是现实的烦恼。

多数管理者既要作为工作参与者推进工作，又要为培养员工劳心费力。但是，他们的辛苦并不为周围人所理解。管理者祈愿"多少有所好转"，但除了在悲惨的境遇中忍耐，结局仍然毫无改变。

这对企业整体业绩的提升产生了恶劣影响。无法独立工作的年轻下属和对此哀叹不已却无法改变现实的领导，公司就只由这样的团队构成。

面对这种情况必须停止敷衍塞责，不能迁延拖沓。

本书所介绍的"行动固化指导"和传统的指导方式完全不同，它有自己独特的人才培养方式。为了能在限定的期限内实现既定目标，就要对员工进行引导。"试过之后却没有效果"之类的事绝不会出现。大约只要三个月，就能培养出一支强大的团队。

如果在商务工作现场时常接触年轻员工的管理者能够引入行动固化指导，工作及职场都会发生翻天覆地的变化。

如果您觉得在培养员工时遇到了瓶颈，我希望您引入行动固化指导。行动固化指导确实可以在短时间内使您的下属变身为"能人"，而且也可以让更多的下属同时获得改变与提升。您所花费的宝贵时间最终会是值得的。

目　录

01　没有干才，再好的计划都成空谈

日本的企业管理者们慨叹不已："不管如何设定计划，下属都无意执行。"

尽管管理者考虑到下属的自主性，与他们一起制订计划，并为了取得实效而努力地指导他们，但下属们仍旧做不出成果。

这样的情形成了日企管理者们共同的苦恼。

身处一线的管理者们支撑着整个企业的收益，他们承担着提高团队业绩、培养下属的严峻使命。

虽然多数管理者同时也作为工作参与者异常忙碌，但他们对培养下属却不敢懈怠。因为如果不能带动下属担当起来，那么即使经年累月自己也无法轻松起来。

深明此理的管理者渴望培养下属，并为团队业绩不断贡献力量。虽说他们希望早一刻达成这一心愿，但这种想法实在难以实现。

某金融公司的管理者主动与不想行动的下属一一面谈，抽出时间倾听他们的烦恼，然后坚持不懈地逐个引导那些对工作计划抱有否定心态的下属："那么，你们愿意做什么样的工作呢？"最后热情细致

地为他们设置工作目标。

面对这样的指导，我们可以看到下属们干劲十足地答道："谢谢您，我们一定努力做好。"此时，管理者也会说："大家都明白了吧，那我就期待此次能够达成目标。"然而遗憾的是，期待最终还是落空了。

这样的情形在工作现场屡见不鲜。

员工们没能完成既定目标，团队业绩自然就无法提升。培养下属和提升业绩两个相反的命题摆在面前时，虽然管理者想在这两方面都有所突破，但最终一无所得。

在这种情况下，管理者几乎筋疲力尽。

企业上层对此也不会熟视无睹。因为他们知道一旦管理者身心崩溃，现场工作将无法进行，经营业绩也会因此遭到重击。因此，为了帮助管理者培养下属，近些年来大多数企业都欲引入"指导"方法。

然而，很少有报告显示迄今的指导策略达到了预期的目标，甚至一些指导反而浪费了管理者的宝贵时间。

02 方法错了，事倍而功半

在此，我想向大家介绍从一位年近四十的企业管理者处听到的实际情况。假定这个人叫 A。

A 在一家大型保险公司的地方分店从事销售工作。他担任分店店长下面的店长代理一职，手下有五名销售员。

A 和分店店长一样，都承担着提升公司业绩的职责。与年轻员工不同，他的工资、奖金以及日后的提拔都和门店的业绩息息相关。

在这种情况下，年轻员工的培养就主要落在了 A 的身上。

A 自身就有很多客户需要应对，同时作为工作参与者，他也是超级忙碌。应对工作琐事符合他的性格，因此他并不感到辛苦，但是管理工作却令他烦恼不已。

他不清楚下属们是否充满干劲，而他教授的工作方法下属不能落实，所以确实难有效益。此外，员工的稳定性差，多数人进店不足三年便辞职而去。

"这些年轻人，到底什么时候才能老老实实地签订合同。"

"每个人的工资都是列入经费计算的呀。"

受到店长的严厉斥责，A便苦思着解决问题的方法，于是他报名参加了相关的指导讲座。这些费用都是他自掏腰包。

"总之，我这么做就是想提高下属的工作业绩。只要做到这一点，大概店长就不会说这说那了吧。如此一来，大家的工作氛围就会变好，年轻人也不会甩手辞职，我的工作应该也会轻松许多。"

带着这样的想法，他挤出了高昂的费用，腾出了自己宝贵的周六时间，接受了为期八次的培训。

培训期间A被反复告诫：要想让部下表现积极，就有必要让他们每一个人都意识到各自存在的问题，并从自身出发谋求解决之道。以前，A整天唠叨着要求部下做这个干那个，而现在他学到的却是：重点是要让部下自己去主动"意识"。

后来A就用在培训期间学到的东西来指导部下。为了让部下意识到问题所在，A对他们提出了诸多质询：

"某某，你想通过这个工作来实现什么？"

"你为什么最初选择了这项工作？"

"对此你觉得如今自己可以承担些什么呢？"

"你大概能承担百分之几？"

"给你打分的话你大概能得多少呢？"

"如果是九十分，下一步会作何调整呢？"

"如果实现了目标，你会是怎样一番心情呢？"

A带着类似的问题，不知多少次在开会期间和部下沟通面谈。这样一来，部下确实也发生了变化。

在这之前，他完全被部下等待会议结束的氛围所笼罩。他们最多也只是做一做自己被安排的工作。而现在开始出现了可喜的态势。

有一个下属就说："我意识到了工作并非是为别人，而是为了自己。"此外，还有些下属制定了"目标达成计划书"。

不过效果也仅限于此，最终实际业绩的提升仍毫无起色。

03 灌鸡汤谁都会，教给他"怎么做"才是重点

像 A 这样的事例不胜枚举。

为了使本书推介的"行动固化指导"具备体系，我自己也借鉴了之前已有的指导作为参考。这些参考有益于我的公司培养那些"宽松世代"^①的新员工。

我所制定的指导方略就是大量地抛给下属"我想成为什么"和实现这一目标时"该是怎样一番心情"这样的问题。

目标设定的重要性不言而喻。但是，将关注的焦点仅仅放在部下的心思方面就会忽略教给他们"如何做才好"的相关要领。

我很想听到指导者的建议，但是指导向来都不提这些，只是一味地让本人苦思冥想。

诚然，对问题的自我思考是重要的，为了公司考虑，我也会接受指导，但我所需要的并非是斗志昂扬而是产出结果。

从我自己接受过的指导来看，我深刻地感受到指导者公司工作经

---

① 宽松世代在日本是指 1987 年之后出生的人，他们受人性化的"宽松教育"的影响，学习能力和竞争力较前代有所下降。——编者注

验的欠缺。

我的指导者会经常问我在接受指导之后"心情变得如何"，但他似乎对"这样做能转化成多少成果"漠不关心。

多数指导者也许会长期学习一些相关的指导技术，但他们并没有积累起提高企业收益的经验。所以，他们就会有所不知。因此我总觉得这些指导未得要领、浅尝辄止。

不管如何设定目标，最终没有结果则毫无意义。如果仅仅设定了目标就觉得万事大吉，最终难道不会事与愿违吗？

我喜欢跑步，经常去跑全程马拉松。其中，我挑战并完成了一百公里马拉松、被称作世界最残酷的撒哈拉马拉松以及南极铁人三项等。

其实，我在年轻时并没有运动的习惯，最初开始跑步还是年逾不惑之际。虽说也想参加马拉松比赛，但却不知从何开始。

于是我便请教了一位专业人士。那人曾多次跑完马拉松全程，称得上是深谙跑步之道的专家。

他听完我的讲述后告诉我：

"这样吧，你先试试每周两次，每次坚持走三十分钟如何？"

"要是能走三十分钟，那就试着抽出五分钟来跑步。"

"如果可以跑五分钟，那么下次就跑十分钟看看。"

后来我慢慢地增加了跑步时间，不知不觉中就一口气坚持了三十分钟。

就这样，刚开始跑时我还显得步履艰难，而就在一年后我却能够跑完马拉松全程。因此，我觉得教我跑步的人称得上是优秀的指导者。

而如果他只是问我"你要是能跑完马拉松全程将是怎样一种心情"之类的话，也许我至今也跑不了十公里。

04 来自美国的经验

最早的指导方法源于美国。

在美国，指导者必须具备坚实的自我基础，然后再接受严格的教育培训。整个指导过程大概要求自我基础占据六成，指导技术只占四成。

然而，激流般涌进日本的指导热潮，可能会在全力培养指导者方面时间不足。如今的情形是仅仅片面地鼓吹指导技术，而指导者自身的基础还很薄弱。虽然我不否定有的指导者基础扎实，但是基础薄弱者仍占多数却是不争的事实。总之，指导者的水平参差不齐。

不过，大部分指导者都是因为熟练地掌握了指导技术，所以很难从表面上看出问题。因此，现实中更多的是指导者和被指导者双方都带着"如此正好"的心态洋洋自得。

当然，我并非是想否定先前的指导方式，因为先前的指导之中也许确有成绩斐然的案例。但是，这种指导耗时太长。从这个角度考虑，就不得不说它高费用、低效率了。

大企业一般会在引进指导方法后在全公司推进，这样一来所花费的金钱和时间都不容小觑。

也许对企业来说，即使暂时花费了高昂的成本，但只要最终能让指导思想扎根发芽，他们也会觉得物有所值。他们会认为，让管理者进修，接受指导，然后让他们用所学的技法带动后来者岂不是好事一桩。

然而，不管这种"思想"如何扎根，只要它不能提升企业的业绩就毫无意义。

之前的指导方法尽管目标高举，但不围绕实现目标这一核心，全面引进这样的指导又有什么用呢？

当然，这和"每个员工都重视目标设定而不重目标达成"的思想根深蒂固息息相关吧。

05 让员工成功比什么都重要

在企业，端正员工的"目标"确实棘手。

作为企业经营者，他们希望员工都有和业绩直接挂钩的现实目标，但是与此同时也必须重视员工的工作动机。这就是为什么有时候他们告诉员工一些虚无缥缈的目标，而结果却被轻视的原因。

诚然，我们在日常商业活动中也有过分拘泥于结果的时候，这样就容易使自己在严酷的竞争中疲惫不堪。我认为这种情形也并非好事。一味地要求下属追求结果，一旦失败就会鸡飞蛋打。

然而一个不得不考虑的问题是：每一名下属都不想出成果吗？我想他们应该都期待有所产出，但后来却苦于目标不能实现。

商务人士什么时候最能感受到充实呢？是没有受到上司斥责而经历了一天的时候吗？是和同事们畅谈的午饭时间吗？是想象着自己在实现目标后心醉神迷的时候吗？

非也！最大的充实是在工作中取得成效、得到认可并对公司作出贡献。只要是商务人士，这对他们来讲才是最大的喜悦。

管理者必须给予自己和下属的便是这样的成功体验。

成功体验未必尽是重大成果的产出，小小的成功也未尝不可。无论是多么小的成功体验，其中也蕴含着成就感。如果有了成就感，人们在沉默中也会采取切实的行动。而在反复落实稳妥的行动之后自然就会产生良好的结果。

将每一位员工都置于这样的状况之下难道不正是企业文化的必要组成部分吗？而本书推介的"行动固化指导"正是要构筑这样的企业文化。

06　目前最有效的带人方法：行动固化指导

行动固化指导在美国也被称为"迅速·改变·指导"，正如这种称呼所体现的，短期内即可实现巨大的改变。

为什么行动固化指导会在短期内将人改变呢，其理由大致可分为两点。

其一就是其"实行形态"。

请大家看一下下一页行动固化指导的图示化概念。

和以前传统的一对一指导相反，行动固化指导采用一对多的办法。此外，由于该方法建立在再现性更高的行为科学管理理论的基础上，所以任何成员都可以获得相同的理解，从而产生相同的结果。

另外，在接受行动固化指导的过程中，由于这一方法能被正确吸收，所以吸收者后来也会成为指导者。如此反复，像图中所示的一样，指导技能便会扩展到行动末端。

行动固化指导能在短期内获得实效的另一个原因是它以"分析行动"为前提。

以前的指导并不提出具体建议，指导者仅仅是站在"支援"的立

从前的指导（一对一）

上司

乒乓球状态反复

部下

行动固化指导（一对多）

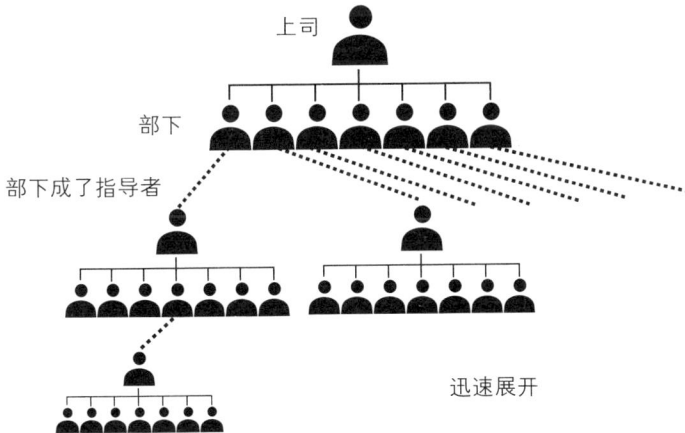

上司

部下

部下成了指导者

迅速展开

场上让被指导者去实现自己设定的目标。因此，指导者就会对指导对象抛出各种各样的问题，然后引发他们的工作干劲，也就是"使他们觉得可以去做"。这样一来，指导对象就会一时热情高涨。如果你对下属用这一招，下属可能也会斗志昂扬。也许你会对下属这种自发性的细节变化充满感激，你会觉得"哦，看起来大家真是干劲十足啊"，但是，这样会有效果吗？

实现结果的关键并不在于干劲而在于和结果息息相关的行动。而且，使这样的行动得以持续才十分重要。

一切结果并非是心情的积累而是行动的汇集。良好的结果源于坚持不懈地踏实行动。一系列恶行积累起来，就必然产生诸多恶果。

详细方法且容后再讲，不过行动固化指导可以使良好的行动汇集起来。所以，行动固化指导可以在短时间内引导下属实现目标。

07　冲到一线才能带好队伍

至此，我有几个问题想问问手捧本书的你。你为什么对行为指导感兴趣？你想收获怎样的结果呢？

也许你想要提升业绩，于是你琢磨着激发下属的能力。

你所要承担的工作便是培养出成果的下属，而且需要在有限的时间内实现这一目标。如此一来，你就必须掌握实现这一目标的方法，这种方法就是行动固化指导。

在引进行动固化指导之时，我想管理者会有各种各样的反应：

"已经竭尽全力做了一堆工作，再增加工作量就太辛苦了，在工作中我们作为参与者不也是问题百出吗？"

大概他们也会有这样的不安。

但我还是认为，管理者在百忙之中更应该学习行动固化指导。因为管理者了解一线情形，熟知商业活动的特点。

熟识一线情形的管理者会比任何人都能切实感受到明晰的行动固化指导的好处，而且也容易掌握这一技能。真正的指导者应该是身处一线的管理者。

　　请想象一下你成为掌握了行动固化指导的管理者时的情形，届时你将会面对不同特点的下属并为他们制定正确的目标。这一点尤为关键，实际上你当然能够使下属实现这一目标。

　　下属获得了不同程度的成长和进步，那时他们岂不是就可以成为你的得力助手？我想这样的道理不言自明。

第 1 章

行动固化指导的前提：做到这八条，再来谈带人

01　提升团队绩效？关键在培训中等水平员工

不仅局限于行动固化指导，本身就需要接受传统行为指导的是什么样的群体呢？一开始就能独立承担工作的人也许会说："有时间接受指导，还不如去工作。"

不过，那样的高水平者在任何企业最多不超过两成。所以意图提升数量最多的中等水平者的能力，企业就得在人才培训方面花费大量资金。

然而，传统的行为指导浮于表面，无法帮助中等水平者提升能力。他们多会在与结果直接相关的重大场合"不知怎么做才好"，所以也只能停留在中等水平上。

只有那种将"怎么做才好"作为行动依据加以落实，然后使之理解，最后通过反复行动加以固化的行动固化指导，才可能使中等水平者的能力得以提高。

我之前说过，只有一线的管理者才适合成为优秀的指导者。现在我想表达的是，中等水平的管理者极有可能成为不错的指导者。

当然，高水平者有成为指导者的资格。但他们最开始就有凭借灵感行动的一面，有时不明白自己的哪些做法和业绩息息相关。所以，他们经常会说"照常做应该就可以了"，而往往对"不会做的人"缺乏理解。

高水平的管理者要想成为好的指导者，就需要对自己的行动进行客观的分解。然后明确地将这一切传达给"不会做的人"，让他们反复付诸行动，并最终使之固化。如果能做到这些，高水平者就既可以当工作参与者又可以当管理者，成为才能卓著的人。

与之相对，中等水平者有"不会做"的经验。

中等水平者一旦接受了行动固化指导，就会立刻明白怎么做才好，同时也会使难以为继的事情继续开展下去。这样，中等水平者就会变成高水平的人。

中等水平者和最初的高水平者大不相同，他们牢记自己成长的道

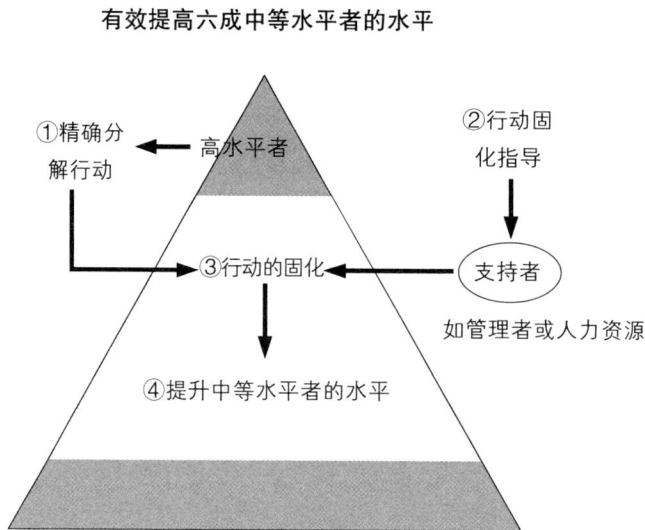

有效提高六成中等水平者的水平

①精确分解行动 ← 高水平者

②行动固化指导

支持者

如管理者或人力资源

③行动的固化

④提升中等水平者的水平

路，就凭这一点，"还不能担当的人"中就有人可能成为指导者。

行动固化指导可以将企业中人数最多的中等水平者（无论是工作参与者还是管理者）变成高水平者。

02 不仅要听员工怎么说，更要看员工怎么做

也许你每天都会和下属进行各种沟通。当然，这些沟通多涉及工作。比如：

如何应对难缠的顾客。

提及的企业优势在哪里。

如何处理销售中订立的合同。

为什么不好的事情必须尽早汇报。

新商品要符合什么样的要求。

应该设定什么样的目标，然后如何将其实现。

必须教给下属的事情你应该花费更多唇舌，努力地传达给他们。

不过，这样就真的算传达到位了吗？

过去会借助年末联欢会和婚宴上的余兴经常做一些"传话游戏"。正如游戏的名字所示，这是一种依次传话，比赛能正确传递多少信息的活动。

比如 A、B、C、D 和 E 五个人组成一队，打算传递某一信息。

"山田六月下旬去了秋田县的鹤之汤温泉，沐浴之后一身轻松地回家。回家途中掉进了稻田，弄得浑身是泥。"

比如要传达这样的一件事。看似很简单，但是就是这么简单的事情最终却不能正确传达。在 A 到 E 依次传话的过程中，事件内容会逐渐改变。结果就变成了"在田间插秧、浑身是泥的山田最后倒在了鹤之汤温泉之中"之类的话。

如果每个人都能把消息正确传达给下一个人，就不会发生这样的事。信息在由一个人传向另一个人的过程中（即一道工序）发生了某些变化，所以传达到最后意思变了。

如果是游戏还可以权当一笑，而工作之时切不可如此，否则就不知道你的指导是否会按照你所想的那样传达给下属。

那么，要确认自己想说的事情是否正确转达给了下属，最好的办法是什么呢？

"真的明白了吗？那你重复一遍。"

这确实算是一种办法，但这仅仅是语言上的表现，他们是否真正理解还令人生疑。"明白了，本周内完成就好，对吧？"这样干劲十足的回答在落实中却经常未能按照原先的期待进行。

要检验你的指示是否被下属正确理解只有一种办法。那就是观察下属的行动。

比如，即使他们看起来没有全神贯注地听你说话，但是之后却采取了你所期望的行动，那么就是正确理解了你的意思。

即使表现出"原来这样，我明白了"的真挚态度，但要是没有落实到行动中，那么你的话对这样的下属来说就等于没有传达。也就是说，你没能对下属给予指导。

03 给员工鼓劲不如带员工前进

从你的角度看，不管是多不靠谱的下属，你也会想着让他们做出不错的成绩。没有职场人士不期待通过工作让自己凸显出来。他们遇事不会做很大原因是因为"他们不知道怎么做"。

此时，行动固化指导便可出场了。

你既然懂得了单单跟在下属后面命令其"提升业绩"毫无意义，那就要先和下属一起设定目标。在设定目标时，首先要询问他们在现实中存在什么困惑。至此，行动固化指导和传统的行为指导别无二致。

行动固化指导和传统的行为指导之间的差异，要从下面说起。行动固化指导始终和行动目标的实现密切相关，它要依靠指导者的责任引导被指导者，直至目标实现。

以往你难道没有多次给下属设定目标吗？多数下属难道不都是苦于目标无法实现吗？

为什么下属无法达成目标呢？是因为他们无能吗，我想不是。这恐怕是你的指导方法存在问题。你虽然百般激励，但是却没能引导他们直至目标实现。

并非依靠心情，行动的反复积累才是关键

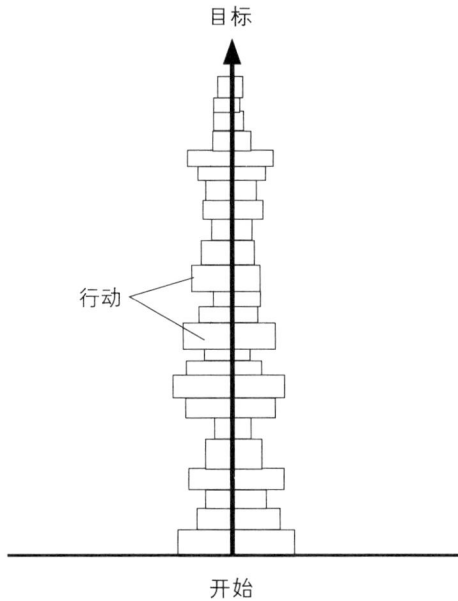

目标

行动

开始

"不过，没做到最后是他们本人的问题，我也无能为力。"对于无法创出业绩的下属，多数上司都会如此搪塞。

有一个常用的比喻，是说你可以将马带到饮水池，但是不能让马去饮水。大概就是这样吧。

我并不是说要"让不渴的马变得想喝水"，而是想表达"让马知道水的甘甜，然后主动去喝"。

无论关系如何亲密，你也未必对对方的心情了如指掌。就算能洞察一切，许多地方也会出现偏差。所以，最好不要将焦点放在心情方面，这在商务场合中更为不妥。

关键在于行动，而将行动"固化"则异常重要。

就算是传统的行为指导也能使下属采取有效的行动。

"能够实现目标会是怎样一种心情？"

如果让下属积极地设想他们想实现的目标，他们的积极性就会一时得到提升。也就是说此时下属"干劲十足"，他们至少会采取一次积极行动。然而，这种行动难以维持，所以最终目标也难实现。总之，时间持续成为难点。

行动固化指导就是通过使下属的积极行动固化，对下属进行引导直至目标实现。其特点是在有限的时间内切实感受到明显的效果。

04　不能光知道"我要什么"，还要知道"他要什么"

行动固化指导可以使大小不同、种类各异的目标得以实现。

你所在企业的目标设定是怎样一种情形呢？根据你所处的立场和当时的状况，应该可以制定出许多目标。

即便是针对销售额，也可以考虑设立三年的长期目标、一年的中期目标和一个月的短期目标。

另外，也存在提升沟通能力和改善职场环境等难以用数字衡量的目标。

和你一样，你的每位下属都会有各种各样的目标，而且也有想要实现这些目标的理由。

人们采取一定行动有其理由，用行为科学术语表达就是"动机附加条件"。在设定目标之时，动机附加条件是非常重要的因素。

行动固化指导就是在正确把握每个人的动机附加条件的基础上设置目标。

比如说你有三名下属，你打算通过单独面谈或者集体沟通的方式进行目标设定。那时，三个下属同样都设定了"超过定额"的目标。

从表述来看，三人的目标一致，但实际上却并不相同。不要忘记目标中也包含了各自不同的动机附加条件。

A 想通过设定超过定额的目标来使自己尽早凸显出来。

B 是想通过保留平常的良好业绩来减少加班。

C 想在成为优秀的销售员后另立门户。

员工本人自不必说，作为上司的你若能提前把握这些动机附加条件，就可以大大加快下属实现目标的速度。原因就是：你掌握了符合每个人动机附加条件的引导方法。

每位下属都有不同的个性，因为他们并不是制定销售目标的机器。即使定下了相同的销售目标，但是如果去审视他们各自的动机附加条件，就会发现他们的详细语言表达差距颇大。

行动固化指导虽然没有将心情作为关注的焦点，但是却擅长理解人们的行动心理。

05　懂得设期限，目标才能实现

有一个管理者三年间持续接受某一指导者的指导。问过他后我才知道，他之前供职的公司有下属接二连三地辞职，这一经历似乎成了他的心灵创伤。

在新的公司，他的下属都未辞职。他说："这也许是我不断接受指导的缘故吧。"

"通过每月两次的定期指导，我自己在精神上也获得了安宁。同时我还可以活用学到的指导方法和下属沟通接触。"

他的一番感慨，像是发现了指导的效果。

实际上，传统的指导都是以指导对象的"心情部分"为中心，所以持续两三年的指导并不少见。

如果接受指导的理由和他的感觉一样，仅仅是为了内心的宁静，那么也算不得坏事。但是，从提升业绩这一最终目标来看，心灵的宁静远远不够。

行动固化指导在设定目标之时就已经确定了目标实现的期限：大体为三个月，长则六个月。而引导目标实现则是指导者的职责所在。

当然，凡事皆可发生，任何事都有无论如何都无法实现的时候。那时就要重新设定目标，规划新的实现期限。

不过，这种情况极少。行动固化指导从不会走"如果无法实现则延长期限"的路子。

如果在期限内没能达成目标，那么目标设定就是问题所在。那样的目标设定只不过是高呼着"想做一番大事业"的自我满足罢了。

行动固化指导从不制定这些虚无缥缈的目标。

我反复强调，商场不是学生时代的班级活动，必须设置一些"虚假目标"。

06 不需要与他"投缘",管好他的"行动"就好

指导者和被指导者之间的"匹配问题"着实重要。不投缘的指导者所说的话,也许你不会洗耳恭听。大概也正是因为这一点,传统的行为指导倾向于重视"共鸣"。

比如,约好"下次沟通之前做完"的事情,被指导者却没有去做。"本周总觉得你心情不佳,你可是一直都干劲十足的呀",传统的行为指导就是要被指导者对此话产生共鸣。

"你虽然想做并努力拼搏,但是最后还是无能为力。真是辛苦你了。"

产生了这样的共鸣,被指导者也许就会放心许多。他们会觉得指导者理解我们。然而,结果仍然是毫无起色。

若使用行动固化指导,如果说好了"本周去做",那么本周就得落实;如果说好了"今天去做",那么今天就得完成。

如果无法做到,就会追问"为什么无法实现"。"总觉得无能为力"断不可取,其中必有依据,需要认真考虑问题的根源。在此基础上,更换行动步骤,然后顺着"如何才能实现"这一问题探求下去。

我这么一说，也许有人会产生误解："这难道不是一个顽固不化、令人生厌的指导者所为的吗？"其实恰恰相反，行动固化指导十分简洁明了。

在执行行动固化指导的时候，指导者对被指导者的询问始终都是围绕着"行动"这一核心，而非性格、态度之类。所以行动固化指导就是想方设法促使无法着手的行动落实起来，并对其进行彻底的挖掘。

如此这般，并未将"心情"置于问题焦点的行动固化指导，就很难让双方产生龃龉了。因为比起产生共鸣，指导者的存在价值在于拿出应对之策。

07 "一对多"比"一对一"更有效果

行动固化指导不仅可以一对一，而且可以进行一对多的指导。这样一来便可以快速见实效。

同样有一个小时，传统的行为指导只能面向一个指导对象，而行动固化指导可一次性安排六个人。

一对一的行为指导持续一年和一对六的指导三个月结束，这两者所花费用和实现效果的区别不言而喻。

"这一点我明白，不过一次性安排六个人，这种行为指导会有效果吗？"

也许有人会有这样的疑问。不过，请诸位放心。

行动固化指导并非着眼于心情，而是关注行动。虽然一次对六个人进行指导，但是我们并不去关注他们各自的心情，而是重点关注他们采取了什么行动。

当然，这并不是说不注重行动以外的问题。如前所述，行动固化指导十分重视每个人的动机附加条件。

对于"为什么采取（或者没有采取）期望的行为"这一动机附加

条件，要逐一考虑。一对多的行动固化指导绝不是不分青红皂白的一概而论。

有趣的是，比起一对一，一对多的行为指导可以明确地把握每个人的动机附加条件，因为这种方式"有比较对象"。

一对一指导时无法言明的话语在一对多的集体沟通时可以找到沟通对象。你也可以通过一对多的沟通接触，注意到每个人的个性特征，然后敏感地察觉到他们的动机附加条件。

08 效果检验不可或缺

推行行动固化指导的目的在于获得具体的成果。用马拉松的例子来说，就是跑步并非为了"跑起来时的好心情"，而是要追求"五十分钟内跑完十公里路程"这一成果。

所以必须认真检验下属成员通过接受行动固化指导取得了多少效果。

从我曾用行为科学管理帮助了很多企业的经验来看，这么做的目的一目了然。然而传统的行为指导却并非如此。

行动固化指导的检验可以从两个方面入手。

一种方法是用数值检验业绩获得了多大的提升。如果数值没有增长，那就说明该指导并未奏效。

另一种方法是检验行动固化指导是如何传达给下属成员的。无论指导者觉得自己怎样"好话说尽"，然而对下属成员来说业务并非如此。如果不考虑被指导者如何捕捉、消化信息，那么就可能会导致严重的盲目行为。

如前所述，大企业在行为指导等人才培育项目方面花费颇多。然而未对"项目是否有效"进行检验的企业却出人意料的多。

经营者虽然可怜，但更可怜的其实还是管理者。因为即使指导无效，他们还是会受到（来自上面的）"花费了那么多，赶快将自己学到的技能教给下属成员"之类的斥责。

由于行动固化指导采用了一对多的集体指导方式，所以对指导者进行客观评价就显得十分容易。

如果对多个下属成员进行指导，那么就会得出多个结果。比起单一的结果，多个结果更能说明问题。也就是说，指导者的技能"不言自明"。

另一方面，在一对一这种封闭的环境中，指导者是绝对的存在。所以，传统的行为指导虽然一直强调"忽略建议，你（被指导者）就是主体"，但实际上指导者单方面产生巨大影响的可能性还是会很高。然而，指导者和被指导者对此并未察觉。指导者长时间地将这种未曾注意到的影响传递下去会非常危险。

我再赘述一遍，推行行动固化指导的目的在于提升业绩。而指导者对于目标的实现起到了多少作用，是无法通过职场氛围作出判断的。

此外，效果模糊的做法，对指导者自身来说也是减分项。担任指导角色的领导者，正是因为想要培养下属成员才愿意花去自己宝贵的时间。如果最终毫无成果，那就会是竹篮打水一场空。

无论是企业、担任指导角色的领导还是接受指导的下属成员，都有必要检验指导的效果。

如何通过行动固化指导进行有效的检验，我将在本书第三章详述。

*　*　*

至此，通过我的说明，我想大家对行动固化指导应该有了大概的了解。

实际的行动固化指导大体上有以下几项实施办法：

1. 在把握动机附加条件的基础上进行目标设定。

2. 要有明确具体行动的计划（日程表）和实践。

3. 检验行动固化指导是否有效。

这几种实施办法还可以细分为七步，对此我将在第二章进行说明。

此外，关于第三点，我将另设一章（第三章）详细讲述。

最后一章，我将论述推行行动固化指导会对你所在的职场产生什么派生变化。通过阅读，你就应该明白行动固化指导的架构广泛包含了"合作性""再现性""一贯性""客观性"等职场必不可少的业绩提升妙诀。

第 2 章

行动固化指导的做法：别只会加油，告诉员工怎么做

01　行动固化指导的七个步骤

我想将行动固化指导的实践方法加以说明。要切实推进行动固化指导，必须经过以下七步。

1. 选择能服众的"教员"

2. 寻找有"教员"潜力的"学员"

3. 为员工量身打造可以实现的目标

4. 分解目标并定期检查

5. 引导员工采取正确行动

6. 固化行动使其具有可持续性

7. 检验整个过程的有效性

下面我将逐项说明，每一项都毫无难度。只要逐项认真执行，谁都可以在短期内有所收获。

1. 选择能服众的"教员"

首先要做的就是选出担任指导角色的人物。

我的公司为行动固化指导培养了专任指导人员，诸位所在的公司也应该有担任指导者的合适人选。我想，作为管理者，你自己不正是首当之选吗？

如果你正为下属的业绩不佳而苦恼，那就赶快去做他们的指导者吧，或者选出其中能力优秀者，委以指导者的角色。不过，如果要让下属来担当指导者，你就得让他正确理解行动固化指导的理论，这一点非常关键。

指导者推行的行动固化指导，并不是要给下属成员以"情感支持"。当然，精神方面的支撑也很重要，但指导者的最大责任是：无论如何要"产出结果"。

因此，必须让停留在中等水平的人认识到如何采取行动才能有所产出。此时并非是要分析自己作为高水平者的行动，然后由上而下强制推行，而是需要具备一边用明确的语言传达，一边着力引导的技能。

参与者不管自己多么精明能干，但只要不具备上述技能便不能成为称职的指导者。

诚然，"好选手未必会是好教练"。比如一个手下有很多员工的销售负责人，如果认为他作为指导者也应该取得巨大成果，那就错了。多数优秀的销售者是无法将自己的销售手段正确地传授给下属的，因此他们无法成为让下属有所产出的指导者。

我也希望能力颇高的诸君在担任指导者这一角色时不要忘记这一

点。下属是无法看着你的做法去模仿的，即使他们被激励，也必须落实到具体的行动上去。

在培养高水平的下属担任指导者时，更需要慎之又慎。此时有必要确定下属能否正确地掌握与业绩挂钩的行动，以及能否用全体参与者都能理解的语言传达相关意思。

如果表达失误，致使多数中等水平者感到"连他们自己都无法做到"，那么你就会面临更大的困境。

2. 寻找有"教员"潜力的"学员"

行动固化指导使得企业员工中占多数的中等水平者的自我提升成为可能。因此，排队等候指导的下属成员不可胜数。也许你也会想要"尽早让下属接受指导"。

行动固化指导和传统的指导方式不同，它可以采取一对多的方式。不过，如果下属太多，也会导致推行障碍。目前，我觉得一对六是适合指导的极限。一对六的话，将一小时设定为固定时间，每人平均就会有十分钟。当然，因为也能够听到指导者对其他参加者的建议，所以每位成员都可以在这一个小时中有所收获。

另外，一对多的方式也使成员构成丰富。六个（当然少一些也可以）成员不必是做同样工作的，也不必能力相当。

举一个我公司的专任指导者在某大型企业推行行动固化指导的例子。在开展新业务时，那个企业因部门间横向沟通不畅而难以制定有效的计划方案。因此，接受指导的下属包括了制作、销售、商品管理、

对多个部门的管理人员进行指导

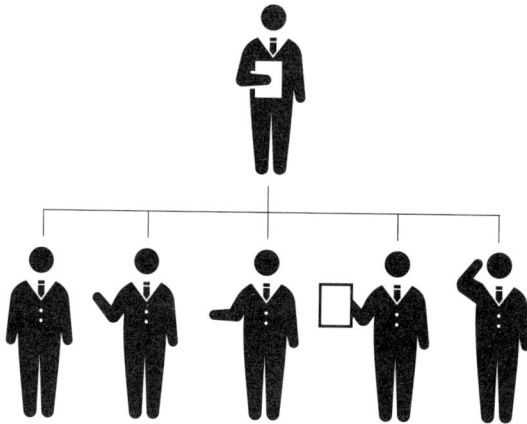

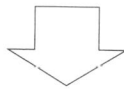

指导各自的部门

会计、人事等各个部门的管理人员。

指导目标设定为"落实至今未能畅通的公司内部交流"，指导期限定为两个月。由于被指导的具体行动是"寒暄""报告"之类的基本内容，所以经常涉及多方面的"互相交换意见""到其他部门的工作现场参观学习"等问题。

通过行动固化指导，当初的问题最终得到了解决。此外，各部门自己都有各种各样的问题。于是，参加指导的管理人员在回到自己的岗位之后再担当起指导者的角色推进行动固化指导。此时参加的下属成员们，销售部的归销售部，会计部的归会计部统一指导。

参加人员成分多样和成分单一各有优点。人员多样，就可以学到自己尚不熟知的工作方法；人员成分单一，就可以将自己的烦恼和一起参加的人共享解决。

如果以建立更加灵活的职场为目标，我建议诸君两者兼顾。

3. 为员工量身打造可以实现的目标

为下属成员设定目标是整个行动固化指导的核心。

我希望那些因"下属无法达成目标"而烦恼不已的上司将最根本的关注点放在对下属的目标设定上。

虽然下属成员会设定自己的目标，但这项工作并非和指导者毫无关系。在行动固化指导中，我希望目标设定并不是由下属成员随意为之，它需要作为指导者的上司按照自己的期望对其正确引导。

多数下属都渴望提升业绩，但是他们不得要领。设定目标时也一样，他们会"不知设定怎样的目标才好"，所以往往会制定出大而无当的目标，最终目标无法实现也就理所当然了。

每个下属成员的目标制定都要为促进本人成长、提高团队业绩而服务。此外，实现的可能性也尤为重要。

"你想实现什么目标？"

在设定目标的时候，指导者要对每位下属成员提出这样的问题。

当他们对此作出"为了自己的成长""能够独当一面""使产品旺销"的泛泛回答时切不可就此了事，因为行动固化指导必须设定明确的业务、数字成果，并选出一两个月内可以预测改善的事项。

传统的行为指导也极为重视目标设定，但与行动固化指导并不相同。传统的行为指导采取"按照你的所思所想实现目标"的方式，所以该方法认可在无法实现目标时变更目标。

与此相对，只要大政方针不变，行动固化指导就不会变更初次设定的目标。换句话说就是行动固化指导不去设定无法实现的目标。

商业活动并非儿戏，流于形式的目标设定毫无意义。所以在设定目标的时候，必须认认真真、分析透彻。

在由我公司的专任指导者推行行动固化指导的某企业，有一位确实无法设置明确目标的女性员工。二十五岁的她一直在为自己从事事务工作而烦恼不堪："这样下去好吗？"

刚开始指导者如此问她：

"那么我们来设定一下目标吧，你想做什么工作呢？"

此时，该女员工说："我想试试新业务。"

"原来是这样，那你所说的新业务是什么呢？"

对于这样的问题，该女员工没有给出具体表述。

"我想试试类似于○○那样的工作，我觉着△△工作不错。"

她没有经过缜密思考便脱口而出。

"我明白了，那你是想做○○或△△那样的工作喽？"

指导者一旦与其产生共鸣，就可以如此建议：

"那么，我们来梳理一下。"

然后，该女员工在纸上写下想要从事的工作。另外，再记下自己如今处于什么样的位置，三年后应该发展到什么水平，她应该对公司提出什么要求。然后将其贴在白板上，用可见的样式整理妥当，这样一来，该女员工就会注意到将目标放到什么位置比较妥当了。

"如今我应该设定的目标是从事务工作中摆脱出来，使自己能够独当一面。那么首先就必须将事务工作做得完美并游刃有余。"

如此，该女员工就沿着正确的目标踏实迈进了。

刚才讲到"依照行动固化指导制定了目标便不可更改"，但是当一个目标实现之后，就需要另立目标。

以该女员工为例，她在实现了"将事务工作完美完成"这一目标后，也许就会将下一步的目标改为"实现自我规划""生产大为畅销的商品"之类。于是，一个接着一个的目标就能得到真正落实，"从事新业务"这一目标的实现也会为期不远。

如果最初就将目标设置得像梦幻一般，那么结果终将一无所获。如果没有成果，最终就会丧失自信，这样就会渐渐地落在后面。

促使下属设定可以实现的目标是指导者的重要工作，我想大家应该明白了吧。

一起整理凌乱的思绪

4.分解目标并定期检查

行动固化指导需要设定目标达成的期限，"任何时候都无所谓"之类的事情在商业场合是不被允许的。

达成目标的期限视情况而定，一般多以一至三个月为期。时间再长也不能超过六个月，超过这一时限，目标将无法确切设定。

如前所述，要实现某一目标需要分步落实。而目标设置过大，将难以以期限进行界定，结果也易导致目标无法达成。那么我先以期限为三个月的目标为例进行分析。

在这三个月中，需要定期召开相关会议，会议召开的频率以两周一次或者一周一次较为理想。若会议次数过多，就容易给指导者和下属成员造成负担；而会议次数过少，则难以把握目标进度。

"第一、第三周周三下午四点到五点。"

"每周四早上九点开始用五十分钟开会。"

就像这样，不但会议召开的日期清楚明了，就连会议开始和结束的时间也毫不含糊。

事前的日程安排，对于一对多的团体会议来说特别重要。对每一位下属成员来说，某一天的一个小时和指导者的一个小时同等重要，这一点有必要认识清楚。如果忘记了这一点，指导就会对下属造成痛苦。

如果你选择一对一地对下属进行指导，也许适当采取一些灵活的方式也未尝不可。因为这样可以一边观察日常业务，一边实时检验，所以看准每次的时机再举行会议方才妥当。

不管是什么情况，设定向下属成员提供确切信息反馈的次数都不可或缺。

5. 引导员工采取正确行动

即使是定期例会，反复举行时也需要变换内容。

也许最初的三次会议是"摸索状态"，这期间重要的是要弄清楚，每个下属成员提出的目标达成计划都需要什么样的行动支撑。

对优秀的指导者来说，此时他们已经对相关行动了如指掌。指导者将自己或者其他高水平者的行动分解后让下属成员观看，并让他们每个人都理解各自应该采取的行动（详情请参照第 73 页）。

但是，只是冷不防地告诉他们"做这个"，下属成员就会难以理解"为什么必须这样做"。

对自己应该做的事情，下属成员是在充分理解的基础上采取行动还是糊里糊涂地采取行动，最后取得的成绩会截然不同。

于是，指导者在促使下属成员思考的过程中需要通过灵活提问的方式对其加以引导。

特别是"自由回答式的提问"和"交换评论法"，它们堪称效果极佳的引导方式。

自由回答式的提问会不断强化下属成员的评论能力。我们可以提出一些不能用"是或不是"来回答的问题：

"那是有可能实现的，那么开始时应该如何着手呢？"

"这一点很重要呀，那么推行起来需要哪些过程呢？"

"你看得很透彻，你是如何发现的呢？"

"视角真不错，你是怎么发现这一主要原因的？"

为了让下属成员一点一滴地落实在具体的行动上，你可以用问题去引导。

此外，为了确认下属成员对自己的评论是否理解正确，可以换个方式对其进行询问。

"那是〇〇的意思吗？"

"如果我理解正确，那么说出来是不是〇〇的意思？"

"我觉得应该像○○说的那样，你觉得合适吗？"

如此这般，将语言从模糊的表述中解放出来，置换成使每个人听后都会产生同一理解的表达。

不过，此时不可急于得到对方的回答，更换表达方式让下属成员理解才最为重要。为此也需要花上一点时间。

行动固化指导也非常重视"沉默时间"。请沉默十秒钟（不过要是超过十秒，指导者更换表达方式的方法就可能会失效），再探寻一下下属成员心中对相关表达的理解吧。

按照这样的顺序去具体理解下属成员应该采取的行动，并据此制作"行动测量表"（如下图）。

促进继续的"行动测量表"

○○○○（填入和业绩提高密切相关的期望行为）

	周一	周二	周三	周四	周五	达成率	
第一周		√		√		2/5	40%
第二周		√		√	√	3/5	60%
第三周	√	√	√			3/5	60%
第四周	√	√	√	√	√	5/5	100%

行动固化指导以固化与业绩提高密切相关的期望行动为目标。所谓固化，并非是一两回的事情，为了弄清是否真正实现了固化，行动测量不可或缺。

最好不要将行动测量表制作得过于复杂。正因为它简单明了且谁都可以使用，行动的继续率才会得以提升。期望行为已经被采取的时候，最好在方框里面做好标记。

如果利用简单的行动测量表通过反复练习已使行动得以固化，那么此时再换用更高水准的图表就比较合适了。这是一个从"测量应该采取的行动"这一外在动机出发，增加内在动机比率的表格（参照下图）。

更高水准的"行动测量表"

自我期望		

流程指标		检查
1. 应该达到的		
2. 应该达到的		
3. 应该达到的		
4. 应该达到的		
5. 应该达到的		
6. 应该达到的		

成果指标		达成率

这张表格记录了相关业务板块中"知识""技能"等各个要素应该达到的水平，并对其实现度加以核实。通过确认自己的成长轨迹，就可以实现从"have to"到"want to"的转变。

此外，制作一个给指导者使用的行动测量表也是可行的（如下图）。

给指导者使用的"行动测量表"

基本行动		检查
1		√
2		
3		
4		
5		
6		

达成率

要知道接受指导的下属成员采取了多少期望行动，那就在定期会议的基础上加以核实吧。如果相关数据增加了，你也会对自己的行为指导信心倍增。

6.固化行动使其具有可持续性

在定期召开的会议中，要根据行动测量表的数值强化所期望采取的行动。

期望的行动仅实现一两次不见得会有效果，但如果该行动能一以贯之则目标可以达成。

对此，有以下几步需要斟酌。

首先是使"可能"的行动"切实可行化"，也就是将"○"变成"◎"，即固化。这一点对水平中等的人来说也不难实现。

其次就是将"不大可能"的行动"可能化"，也就是要想着"△"可以成为"○"。

在这一步需要指导者等旁观者提出建议。因为确信人的不完美将"起作用"，或人在无意之中会使用不恰当的方法，所以要根据客观评价加以更正。当然，最终并不是停留在"○"上。直至实现固化"◎"，强化方可完结。

最花时间的是将"不可能"的行动转化成"可能"，并最终使其固化。即从"×"到"△"，然后到"○"，最后到"◎"这样的复杂变化过程。

因为"不可能"的事情，其落实本身多存在疑问，所以有必要对高水平者的行动进行分解（使分解更加细化以提升理解程度）。

根据不同情形，通过角色扮演的形式来学习比较妥当。

不过，仅仅对应该采取的行动有所了解是无法达到"◎"的，还要持续采取正确的行动直至其固化。

不过，"持续"并非嘴里说说那么简单。如果能够做到这一点，就可以成为高水平者。因为人们总是对应该采取什么行动心知肚明，但却总会因为怕麻烦而无法持续。

指导者在下属成员的行动稳定之前，必须对其施以帮助。因此，有必要根据你的期望反复对下属的行动作出反馈。

人反复做某一行动是源于"结果的力量"（详细请参照第 65 页）。

人在被命令"去做"（先行条件）后，只会去做一次。而在做了之后，只要他们发现结果中伴有诸多好处，那么即使历经数次他们也会坚持。

所以，指导者仅仅说一些"加油"之类的话完全不够，对下属成员采取的良好行动要大加称赞，不吝溢美之辞。

无需用金钱奖励他们，因为下属成员收到的最舒心的赞美就是"成就感"。而正是"完成了"的成就感，促使人们不断地采取下一步行动。

因此，最好在下属成员的目标实现过程中为其设置短期目标。要求他们一口气达到长远目标，他们很容易就会中途放弃。所以应该让他们不断体验到实现小目标的喜悦，然后引导其实现最终目标。

此外，在"无法采取行动"之时，为其分析原因也是指导者的工作。

中等水平者无法落实应该采取的行动，其原因多是潜藏着的"压力因素"和"对立行为"。

对于中等水平者来说，即使是采取同一行动，他们也会产生比高水平者更大的压力。由于会有"莫不是自己能力有限"之类的不安臆想，再加上过去的失败经历，他们就容易被消极的思想所支配。对于这样的下属成员，就要告诉他们"你能行"。

而所谓"对立行为"，更是期望行动的拦路虎。

当你坐到电脑前想写报告时，却无意之中花了三十分钟上网；当你坐在沙发上想看资料时，却不知不觉中看了两个小时的电视剧……

你应该也会被各种各样的对立行为困扰不堪。因为对立行为充满了迷惑力，所以不经意间就会迷失。

此时没有必要慨叹"自己毅力不坚定"。封杀上网和看电视之类的对立行为并非是靠意志，而是靠落实。

在写报告时先拔掉电脑的网线，如果是电视就先拔掉插头。通过这样的具体行动加以防治才是上策。

要告诉那些被对立行为困扰的下属成员，问题"不是你们意志薄弱"。也要教给指导者应对对立行为的具体方法。

行动固化指导有事先定好的期限。每一次会议都是宝贵的时间，所以切勿浑浑噩噩地度过。

要使下属成员反复执行你所期望的行动。为了固化行动，每次都要给出有效的反馈。

7．检验整个过程的有效性

实施行动固化指导是为了在商务场合中产生效果。不论制定的计划多么完美，不论团队多么戮力同心，最终没有实际效果则毫无意义。所以，有必要仔细检验你正在推进的行动固化指导是否发挥作用。

最简单的检验方法便是"看数值"。要知道每个下属成员将期望的行动到底增加了多少，只要看一下"行动测量表"便清楚了。

当然，也必须通过更长的时间跨度来检验业绩是否得到了提升。"虽然期望的行动增加了但是业绩没有获得提升"，那自然就会想到是行动提出阶段出了问题。也就是说，正确的行动固化指导没有贯彻。

请看下图：

检验指导是否有效

①期望的行动增加，效果提升

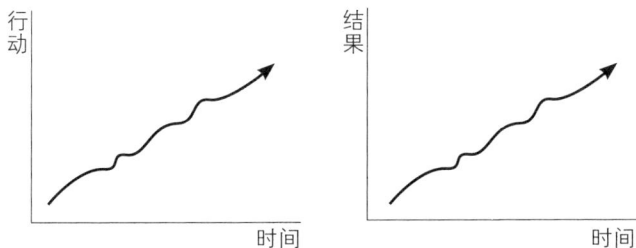

②期望的行动增加，效果不变

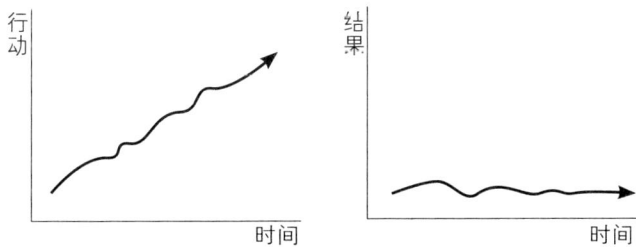

③期望的行动增加，效果降低

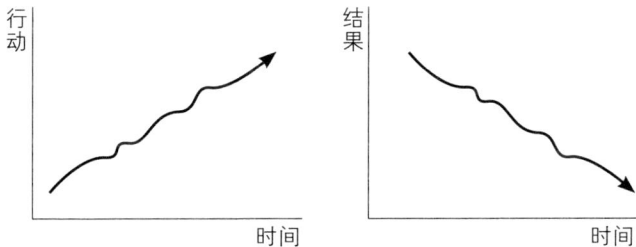

"期望的行动增加，效果提升"，那就是行动固化指导正确地发挥了作用。

"虽然期望的行动增加，但是效果不变"，那就说明意欲固化的行动很可能出现了问题。

"期望的行动增加，但效果降低"，那问题就更加严重了。这一般就是因为意欲固化的行动使本应采取的行动被忽视了。

为了尽早修正这些问题，检验就不可或缺。

此外还有一种方法，就是在检验行动固化指导时，要接受来自参与的下属成员和客观审视的外部人员的评价。这些检验都是传统的行为指导所欠缺的，但同时也是行动固化指导最大的特征。对此，我将在本书第三章详述。

02　出自行为科学的管理工具

行动固化指导是以行为科学管理理论为基础的行为指导方式。这种由美国 ADI 公司开发后引入日本企业的行为科学管理方法被很多企业采用，并对其业绩的提升作出了贡献。

在并非关注"心情"，而是着眼于"行动"的行动固化指导中，到处体现着对行为科学管理方法相关观点的灵活运用。若是对此有所了解，对行动固化指导的理解便会更加深刻，然后就会确信行动固化指导绝对会推行顺利。

工具一：行动分析矩阵——找到快速实现目标的标准做法

之所以可以根据行动固化指导来设定目标并最终使之达成，那是因为能够清晰地看到目标实现前的每一段路线。

中等水平者不能达成目标的原因只有两点。

其一就是不懂要达成目标需要采取什么行动。也就是不知如何去做。

　　另外一点就是不知道持续行动的方法，也就是说没能固化行动。
请参照下图：

输入"正确的行动"然后再促使行动持续

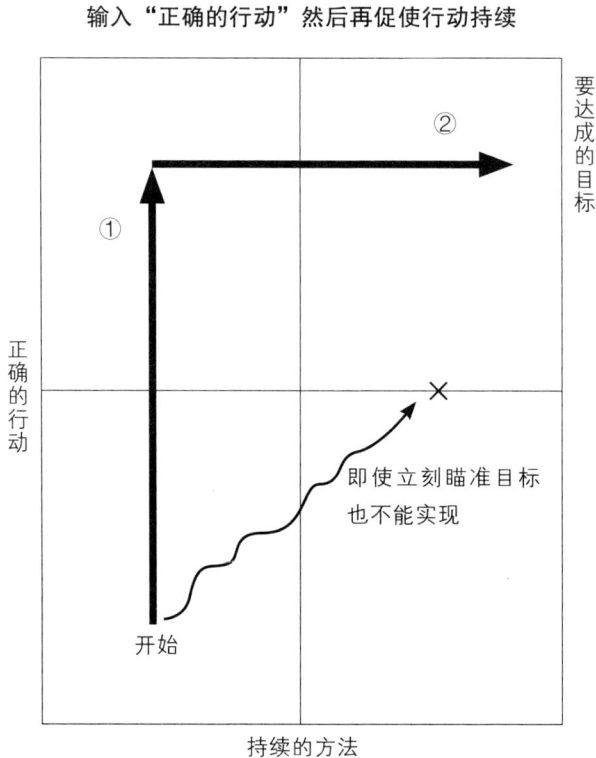

　　在行动固化指导中，首先找出下属成员要实现既定目标需要采取
什么行动（箭头①）。然后通过行动的持续促使其向目标迈进（箭
头②）。

　　参考经过分解的高水平者的行动（相当于箭头①），和为了固化
行动而一边使用行为科学管理理论的各种框架一边引导目标实现（相
当于箭头②）都属于指导者的责任。

　　传统的行为指导仅仅是设定目标，而不去落实到具体的行动当中。

一旦目标设定，剩下的便是自己思量。这样一来结果如何呢？每个人都朝着右上的目标迈进，贸然着手。于是要么在中途走偏，要么在筋疲力尽之后遭受挫折。

如果你的孩子说他"讨厌疼痛，所以不想有蛀牙"，那么作为指导者你该当如何？

"如果牙齿健康，你心情怎样？"

"你想想有什么办法吧。"

也许你会这么说。但是首先还是应该教给孩子正确的刷牙方式，然后再不断耐心地告诉他"好好刷牙"。如今，大多数成年人都有刷牙的习惯，在此需要让大家都掌握同样的指导方法。

下属成员并不是孩子。但是如果不懂得方法就无法实现目标。行动固化指导就是认真找出具体的行动，然后坚守到良好行动的最终固化。

工具二：行动固化的 ABC 模式

怎样做才能固化人的行动呢？能对此进行明确解释的就是行为科学管理中的重要概念"ABC 模式"了。

人在发起某一新的行动之时必然有其理由。

比如你为什么要收拾凌乱不堪的桌子？理由各种各样。

或者是你自己本身讨厌脏乱。

或者是部长命你"收拾干净"。

或者是做下一件事之前还有些时间。

行为科学管理中的"ABC模式"

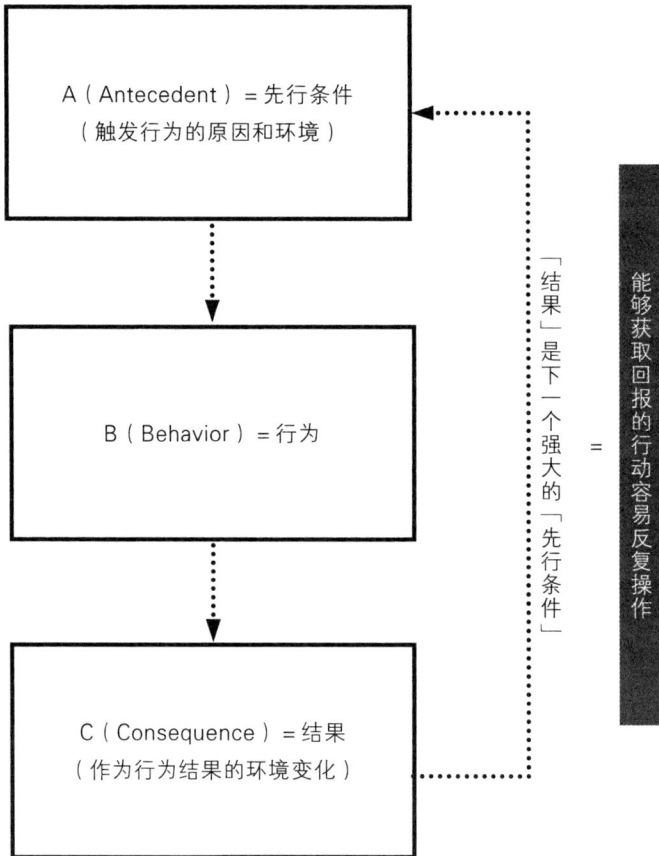

A（Antecedent）= 先行条件
（触发行为的原因和环境）

B（Behavior）= 行为

C（Consequence）= 结果
（作为行为结果的环境变化）

「结果」是下一个强大的「先行条件」

=

能够获取回报的行动容易反复操作

这些理由被称为"先行条件"（Antecedent）。根据先行条件，你才会有清理打扫这样的"行为"（Behavior）。不过，多数情况下行动到此就算基本结束，还用不着反复进行。也就是说，由于行动没有固化，所以桌子上很快又会散乱起来。

与之相反，请想一想行动固化后是怎样的。

比如，你的近视很严重，目前正在使用隐形眼镜。你每天早上都要戴上眼镜，很有规律。那么为什么会有这样的固化行为呢？

也许你会回答说："我视力不好。"因为存在视力不好这一先行条件（A），所以会有戴上隐形眼镜这样的行为（B）。

不过，原因不仅如此。那是因为你获得了"戴上隐形眼镜就会看得清楚"这一"结果"（Consequence）。

由于你明白了只要戴上隐形眼镜你就会看得清楚这一期望已久的结果，所以你会反复坚持。如果戴上隐形眼镜使你痛苦不堪，或者令人烦恼且一点看不清楚，那么你就会放弃了。

这里就包含着行动固化的要点。

那就是要使下属成员重复好的行为，就要在行动之前展示其产生的好结果。

行动固化指导就是在此基础上进行指导的。遗憾的是，传统的行为指导都是以"唤起干劲"为先行条件的。

工具三：PST 分析——对成员的良好行动进行表扬

一个行为（B）所产生的结果（C）中包含若干模型。

行为科学管理一般将人的行为所产生的结果作为"类型""时间""可能性"的组合进行考虑。

关于"类型"，分为"积极"（P）和"消极"（N）两类。比如，吸烟之后可以放松是积极方面，而患上肺癌或者烟油导致牙齿变黄便是消极后果。

"时间"分为"立即"（S）和"之后"（A）两种。尝了蛋糕后可以立即感到"好吃"，因使自己发胖而感到后悔便是之后的事。

"可能性"分为"确定"（T）和"不确定"（F）两种。客满之日会得到一笔钱是为确定，而根据业绩提升情况涨工资和涨奖金是为不确定。

根据这三个要素的组合，可以将组合结果分为八种类型。

- "积极""立即""确定"（PST）
- "积极""立即""不确定"（PSF）
- "积极""之后""确定"（PAT）
- "积极""之后""不确定"（PAF）
- "消极""立即""确定"（NST）
- "消极""立即""不确定"（NSF）
- "消极""之后""确定"（NAT）
- "消极""之后""不确定"（NAF）

其中，人们不断反复执行积极的行动，便是"积极""立即""确定"（PST）形成组合并产生结果的情况。

在吃到非常喜欢的浓味拉面后产生的"满足"，就是"PST=积极·立即·确定"，而"中性脂肪增加"的结果便是"NAF=消极·之后·不确定"。所以，这些时候人们就会对医生的话置之不理，无意中大吃特吃。

在推行行动固化指导的时候，指导者要尽力对为下属成员准备的PST结果进行褒扬。

要在定期会议上对行动量表进行确认。如果下属成员的良好行动增加了，就一定要表扬他，而且，当场的理解与赞扬十分重要。

"只要我们的良好行动增加了，我们的指导者就必然会当场表扬我们。"

像这样，如果下属成员明白自己获得了 PST 结果，他们就会沿着期望的行动反复落实。这就可以提前使行动得以固化。

"获得成就感"这一结果也会使下属成员十分兴奋，只不过这比"受到表扬"来得稍微晚些，即"PAF= 积极·之后·不确定"的结果。不过，由于积极的作用非常大，所以一旦收获一次便会成为反复行动强有力的动机。

工具四：设置小目标——让员工持续获得成就感

在行动固化指导中，如果自己设定的目标得以实现，下属成员就可以获得巨大的成就感，这样就会促使他们向更好的目标迈进。

但是，目标无法实现会产生挫折感，期望的行为就会渐渐减少。

所以，优秀的指导者不会设置看起来无法实现的目标。相反，他们会在最终目标中间设定小目标，然后让执行者不断体味到成就感。

我在前面已经讲过自己有跑步的习惯，也说明了其中的原委。那位优秀的指导者，起初并没有贸然地为我设定跑完全程马拉松的目标。当初即使让我去跑全程，我也只会体会到挫折感。

相反，他为我设定了许多小目标。在三十分钟的步行当中跑步五分钟，然后将五分钟延长至十分钟，如此等等。那时，我收获的便是小小的成就感。

此前毫无运动习惯的我在第一次走完三十分钟的行程后，那种深

"小目标"和"直线目标"

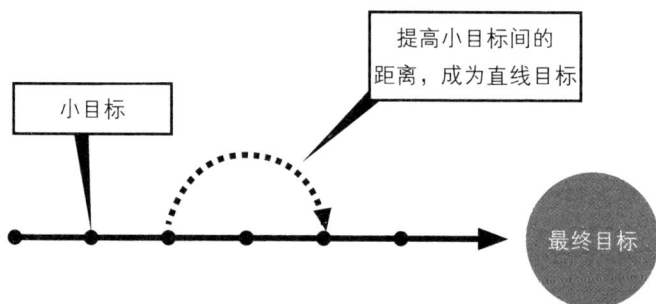

小目标

在实现最终目标之前所设立的诸多小目标

直线目标

拉伸小目标和小目标之间的距离，即成为直线目标。

提高小目标间的
距离，成为直线目标

小目标

最终目标

刻的感动令我至今记忆犹新。有了上述成就感的支撑，后来我便逐次
设定一些更大的目标，然后不断地突破。

现在，给员工设定"直线目标"的企业非常多。直线目标正如其
名称一样，就是彻底地放开手脚最终直达最高目标。

为了有所成就，直线目标不可缺少，但是一味逞能而使目标最终
无法实现则会失去意义。此外，无法实现目标就会感到挫折，更有甚者，
实现目标之后自己也油尽灯枯了，这也是颇为棘手的。

所以，不断地切实实现一些小目标，然后稳步向着大目标迈进，
这才是高效的办法。

工具五：整体报酬的六大要素
——达到金钱所不能起到的激励效果

"ABC 模式"所阐明的反复行为（B）的结果（C）几乎是无法用金钱办到的。

多数经营者只想通过提高工资和增加福利来激发员工的干劲。于是，他们感叹："我都这么做了，员工为什么不更加卖力呢？"金钱固然十分重要，但是人并非只为了钱而工作。

虽然涨工资和加福利是积极的，但是由于在这之后的结果会不确定，所以最终的效果并不会像经营者预想的那样乐观。此外，用大捆钞票来换取员工的唯命是从会招致反感。

而且更重要的是，只要指导者不是独裁经营者，给予下属成员金钱报酬就十分困难。因此，指导者应该用金钱以外的办法为做出期望行动的下属成员筹划好的结果。

行为科学管理本来就对"total reward"十分重视。"total reward"可直译为"整体报酬"，简而言之，除了物质奖励，它也包含非物质报酬。

整体报酬的概念产生于美国，在用于日本时，我将其整理为从 A 到 F 六大要素。所有要素都可以活用于大家所推行的行动固化指导之中。

A（Acknowledgement）感知和认可

将每个人都视为重要的同伴。随时随地的褒扬和感谢比什么都重要。

B（Balance）工作生活两不误

人们通过工作赚钱，目的并不全在金钱本身，而是在于使每天的生活充实起来。所以请重视个人生活。

C（Culture）企业文化和组织素质

即无关年龄、经验，可以自由发表意见和想法的信息畅通的职场。在这样的职场中，自身成长和自我参与便会息息相关。

D（Development）提供成长机会

对员工来说，能够学到正确的做事方法并获得成长是十分丰厚的报酬。此外，要尽可能地鼓励他们参加讨论会和培训会。

E（Environment）完善劳动环境

办公环境的舒心度对员工十分重要。办公环境布局固然不是决定因素，但是微小的细节会锦上添花，所以创造良好的环境不可或缺。

F（Frame）具体行动的明确指示

这是行为科学管理和行动固化指导的构成基础。为了有所产出，排除模糊性的具体行动指示必不可少。

如果采用整体报酬这一概念，忙碌的指导者不用花费太多时间便可为所有下属成员提供报酬。

比如，一旦下属成员采取了良好的行动便立即对其进行表扬。这会花费您多少劳力呢？说一句"做得真棒，太厉害了"不需三秒，更不需一分一文。

工具六：细化重要项目——发掘"准确行动"

行动固化指导就是使实现目标的期望行动固定化。

细化重要项目，发掘"准确行动"

具体的行动

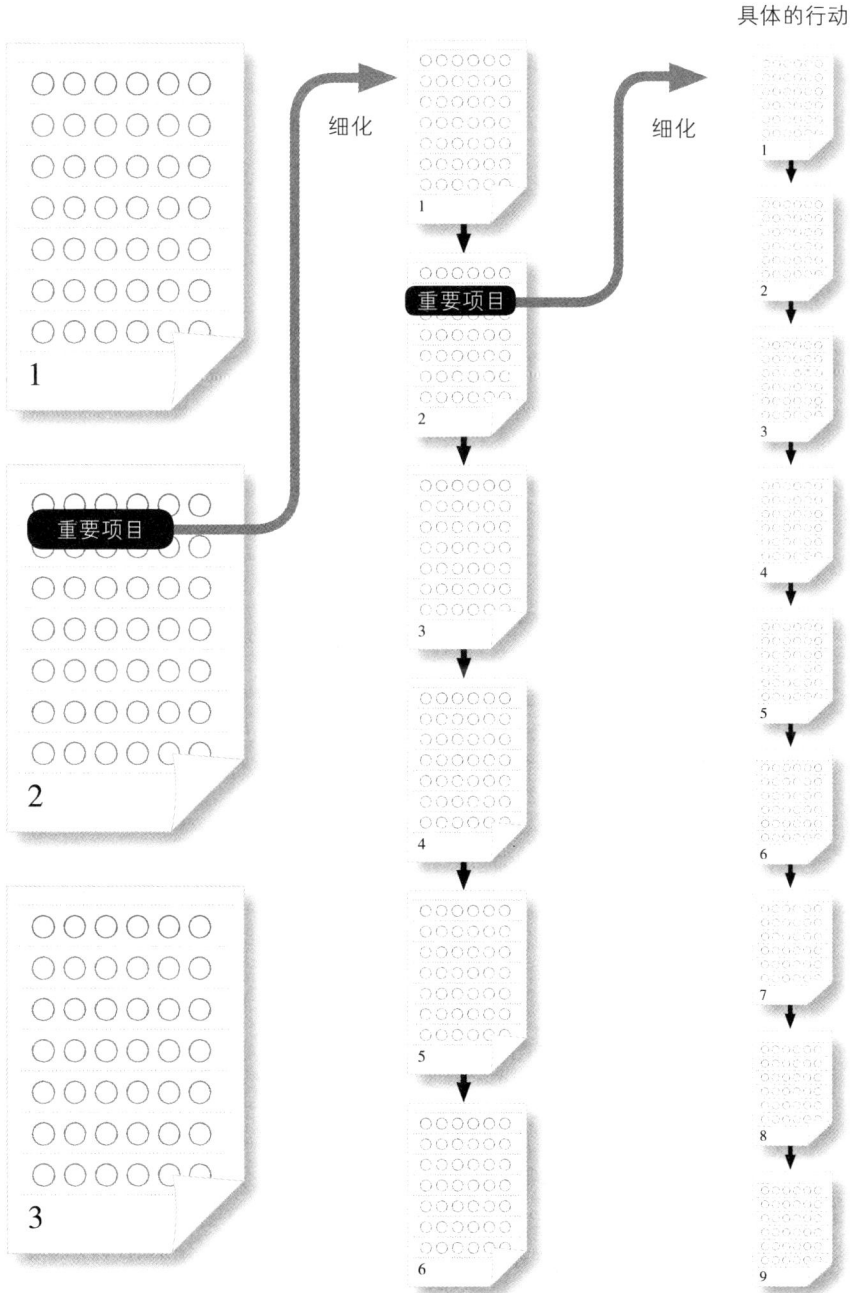

那么，促使目标实现的行动是什么呢？在平时，我们会采取各种行动，而在这些行动中既有我们期望的，也有我们不期望的。

比如，你的下属中应该既有销售能手又有销售菜鸟。销售菜鸟当然不是成天旷工，他们只是每天早出晚归没有销售业绩而已。相反，销售能手几乎不用花费多少时间便斩获颇丰。

这样的差别源于所采取行动的种类和质量的不同。简而言之就是销售菜鸟的行动多是无效的，而销售能手的行动往往击中要害。

这种击中要害的行动在行为科学管理中被称为"准确行动"。

在行动固化指导中，为了促使下属成员实现目标，指导者必须采取相关引导措施以固化他们的准确行动。

为了找出准确行动，就有必要一边使用便签记录工作流程，一边将其分解为详细行动。

高水平者刚开始就因其善于灵活应对而采取准确行动，但是中等水平者则可通过分解后的细化行动发觉准确行动。高水平者所采取的行动正是中等水平者所遗漏的行动，所以自己遗漏的行动很可能就是准确行动。

比如在拜访型销售中，多数会沿袭以下步骤。

- 约定见面时间
- 完成提案书
- 事先准备
- 面谈
- 有重点地分析问题
- 约定下次访问时间

- 完成报价

- 再次拜访

- 签订合同

不过，这还算不上是分解。

"约定见面时间"之中，还包括"自报公司名和个人姓名""询问现在打电话对方是否方便""简单地进行商品说明""期望在拜访时讲一步说明""询问对方何日何时方便"等一系列细化过程。

"事先准备"也可分为"准备说明资料"、"预估顾客的问题和需求""着手生产预期符合顾客需求的商品"和"整理仪表"。估计中等水平者也比较擅长这些。但是，如果忽略了"提前想好可能出现的问题的应对方法"，销售活动就会受挫。

如果人家告诉你"太贵"你该怎么做？

"也许现在还不会立马需要。"

销售能手会按照预先制定的这些问题的应对方法采取行动。然后，这些做法就可能成为准确行动。

"这也许就是准确行动吧……"指导者所认为的准确行动到底是不是准确行动呢？就像第 61 页图示所表述的那样，只有参照"行动增减和效果增减"来看才会明白。

工具七：MORS 法则——给员工具体可行的提示

我公司的专任指导者在推行行动固化指导时有他常用的语言：

"什么时候开始做？"

"做到哪里了？"

他会具体询问指导对象的相关行动。

在必要的时候，他还会问"做了多少次了""几点开始做的"。这样，被他指导的人也就会认真做起来。

而传统的行为指导并不会要求这么去做。

"先设定好目标吧。你想做些什么？"

"我想让我们公司的商品能在美国售卖。"

"对此，你应该怎么做呢？"

"首先得会英语对话。我打算这三个月每天认真背英语单词。"

"主意不错，如果你坚持做三个月，到那时你会是怎么一番心情呢？"

正如上面的对话一样，传统的行为指导会将焦点放在心情上，而行动固化指导则会将行动具体化。

"你一天记多少英语单词？"

"你打算利用一天中的哪些时间来记单词？"

通过这样具体的询问，被指导者自身就会明确地认识到"做事的方法"。如果不这样做，就会是一些并无大用的零敲碎击。

行为科学管理通过"MORS 法则"给出了行动的定义。

"MORS 法则"是用以下单词的首字母合成的。

M=measurable（可计量）

O=observable（可观察）

R=reliable（可信赖）

S=specific（明确的）

满足上述的条件才能被认为是"行动"。只是漠然地说"背英语单词"算不得行动。

在行动固化指导中，指导者向下属成员展示行动准则必须满足 MORS 的形式。因此，指导者所使用的语言中也有必要尽力加入 MORS 要素。在重要的定期会议上，断不可使用模糊的语言表达。

我认为在行为科学管理之中，如果所用语言不能使每个人都产生同样的理解，一切将毫无意义。

"尽可能早地试着做吧。"

"认真地继续下去吧。"

只要指导者说出这样的话，下属成员就不会去落实到行动之中。

"尽可能早"是什么时候呢？

"认真"具体是什么呢？

这样的感觉都会因人而异。

"从周一到周五乘坐下班班车回家的途中每次记两个单词，然后周六晚饭后再进行复习，周日休息。"

就像这样，要不断深入地向下属成员提问直至可以看到他们采取具体的行动为止。

工具八：行动测量表——数据决定一切

商业活动中实施检验必不可少，对此人所共知。但在进行实际有效的检验时却多会出现令人尴尬的事情。

下属的工作不能用"顺利进行""已经失败"之类浅显的语言加以概括，必须用数字反映检验结果。

通过行动固化指导，不管你的下属合同数量增加与否，只要没有看到详细的数字，就无法得知最终效果如何。

新员工上个月完成两个合同签约，而本月签约数增加到四个；老员工的签约数量从上个月的七个增加到本月的九个。两相对比，虽然同是"增加两个"，但意义完全不同。新员工可是实现了签约数量的翻倍。由此可以推测新员工的良好行动逐渐得到了固化。

此外，在"本年度合同数比去年减少一成"的时候，如果认识到是某个月的大量减少导致了整体签约数量的下降，就应该找出其中的具体原因，然后排除问题。但是，如果是每月都在逐渐减少，那就是大问题了。如果放任不管，技术陈旧化的问题就会不可避免。

在商业活动中必须从各个角度对相关数字进行审视分析。

在行为科学管理中，沟通技能这种高度抽象的因素也可用数字进行测量。

比如上司在感到某个特定下属难以把控时，他和那个下属的接触频率就会明显下降。此时，如果去想"那个下属为什么会变得不好把控"就适得其反了，应该思考的是"自己是因为没有和他交流所以才感到他难以把控"。

实际上，当我公司的客户企业存在沟通问题的时候，他们会将企业上司和下属接触频率的计量情况汇总给我。然后我会一边看一边分析包括其他员工在内的"视线碰过""打招呼""说些工作上的事""说些私事"的一览表。

这样一来就可以知道，和其他的下属相比该上司与他感到难以把控的下属的接触明显要少，所以就要增加他们的接触次数，使之与其他员工的沟通次数相同。仅仅这么一个小小的调整，就使他们之间的关系提升了不少。

因为沟通是"内心领域"的事情，所以切不可因超过必要的限度而过于不安。只要"计量之后增加行动"即可。

所以，行动固化指导所设定的目标即使与职场上的人际关系有关，也可以通过行动计量表来检验。

比如，作为应该采取的行动，如果"每天说一次'谢谢'""和迎面而过的人打招呼""邀请同事吃饭""当日就回复邮件"等内容有所增加，那么就记录这些行动的数量，并不断地增加下去，据此就可切实地改善人际关系。

我想，没有通过行动固化指导无法改善的问题。

工具九：创造积极性：从"不得不做"到"我想做"

先请大家回顾一下第 55 页讲到的"行动测量表"。

在开始使用行动固化指导的时候，下属成员都是通过最简单的表格来统计自己的行动的。

这个表单就像执拗地要求你"好好刷牙"的母亲一样。即使没有干劲也要去刷牙，做到之后就在表单上打钩。如此往复，无形之中你的行动就会得到固化，不用要求也会自觉刷牙。

这就和乘坐出租车时，车上的系统会提示你"请您系好安全带"这一流程一样。刚开始由于"担心给司机添麻烦"而被迫系上，反反复复之后这一行动得以固化，只要一坐上出租车你便会自觉将手伸向安全带。

同样，使商务活动中重要的行动得以固化的行动测量表自然也发挥着重要的作用。有了这个表单，就会觉得"不检验不行"。

不过，无论如何这也是"外在动机"，是从"不得不做"（have to）这样的心境出发所得。还需要将其转换为"想做"（want to）。也就是说，只要激发出"内在动机"，人们就会发觉成长的乐趣。所以指导者必须让下属成员感受到"want to"。

"want to" 和 "have to" 的结果完全不同

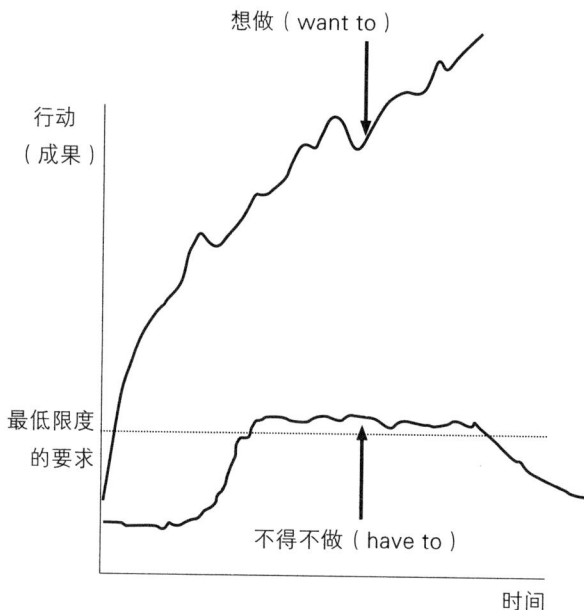

通过图表大家应该可以看到，人们在基于"have to"和基于"want to"工作时，表现会大相径庭。

高水平者会进入"创造良好业绩"→"工作开心"→"由内在动机驱动工作"→"再次创造良好业绩"这样的积极循环之中。但是，因为中等水平者会觉得工作实在没有乐趣，所以他们不会由内在动机驱动工作。最后即使想尽办法，他们也会停留在"推一下，走一步"的情况中。

行动固化指导之所以能让中等水平者转化为高水平者，就在于它能够让中等水平者通过落实具体的行动创造出良好的业绩。有了这样的体验，在日后的工作中谁都会变得"want to"。

03 实战解读：给你一个团队，你该怎么管

下面，我将对我公司的客户企业推行行动固化指导的相关实例作部分介绍。

客户企业不管在规模上还是在业务板块上都多有区别，但在"用行动固化指导来解决企业领导所面临的各种问题"这一基本立场上却是相同的。

各自的专任指导者都要和客户企业的现场领导一起，运用行动固化指导协力解决问题。在这一过程中，企业领导掌握行为指导技能，最终实现在没有专任指导者的情况下也能解决问题。

案例一：如何让年轻的员工快速成长，如何让老资格的员工改变做法

N 先生，四十岁出头，销售部课长

业务：销售医院所需的医疗器械

下属：八人（二十多岁的两人、三十多岁的两人、四十多岁的三人、

五十多岁的一人）

　　必达目标：一年实现十亿日元的销售额

　　课题：为了实现目标，需要克服两大问题

指导实施前的问题一

　　最令 N 先生烦恼不堪的问题是年近三十的两名下属无法拿到订单。占据下属人数四分之一的这二人如果能拿到订单，仅凭这一点销售额便会提升，但是他们却无法做到。

　　此外，N 先生也十分担心"这样下去他们就会失去成长的机会""他们迟早都要积累起可以带动后辈的销售经验"。

　　N 先生对下属反复传授销售经验，下属对 N 先生的经验也是认真践行，但是一年多来，这些经验都没有转化为订单业绩。

【实施指导】

　　在行为指导之前，首先要分析能够拿到订单的员工的销售方法。

　　两相对比，进一步确认无法获得订单的那两名年近三十的下属到底"栽倒在哪里"。

　　所谓"栽倒"，就是在工作过程中陷入"不知如何做才好"的处境，所以需要将饱受挫折的销售行动进一步细化分解。N 先生要将分解后的行动向下属传达，并确认他们"是否能办到"。这样的行动分解，要直至下属回答"能办到"为止。

　　这样的做法以一周为周期反复循环，当回答说"能办到"的下属在实际工作中最终实现诺言，便立即对其褒扬。结果，两个下属分别

在两个半月和三个月后拿到了新的订单。

指导实施前的问题二

N 先生还有一件牵挂之事，那就是年近五十和五十多岁的二位下属的销售额逐年减少。对刚过四十的 N 先生来说，他们都是比自己年长的下属，而他们都是凭一己之力打拼职场的人。

对 N 先生来说，他并不清楚他们在哪些地方做了些什么。他们既不让年轻人与他们同行，也不对年轻人进行指导。

在产品大卖的时候，他们当然不会说遇到了什么麻烦。但近三年来，他们的销售业绩逐年减少。而且他们所擅长的单品销售因价格竞争而单价下跌，这样一来，巨额的销售业绩就更加难以达成了。此外，他们的销售方法也略显过时。

他们也许对此心知肚明，但是他们看上去似乎不欲改弦更张，而是想将错就错。大概他们不愿改变以前练就的固有销售方式吧。

【实施指导】

对年龄相对较小的 N 先生来说，要解决这个问题，培养下属对领导的信任是不可欠缺的。然后就要考虑暂时消除上司和下属之间的关系芥蒂，也就是需要重新审视作为管理者的 N 先生与专业技能者（年近五十和五十多岁的下属）的关系。此时的立场不是上司指导下属，而是管理者借力于专家里手。

具体来说就是在每周一次的指导现场，N 先生将日常使用的销售工具（说明资料和讲话笔记等）复印后递给这些老员工，并征求他们的意见。N 先生要在接受他们的建议时表达对他们的真挚感谢。

通过这样的努力，那些年长的下属就会切实地感受到自己在团队中的必要性，也会重新审视自己的销售手段。也就是说，N 先生积极地使用了自己创造的销售工具。

最后，他们就会从自己之前擅长的单品销售中摆脱出来，从而掌握单数、多数销售相结合的销售方法。

案例二：怎样让员工做出更精确的市场调查报告

K 女士，年近四十，商品开发部股长（领导）

业务：新消费品（化妆品、洗漱用品）的开发

下属：两人（二十多岁的一人、三十多岁的一人）

必达目标：两年后开发出一年可销售三亿日元的新产品

课题：开发切实符合市场需求的商品

指导推行前的问题

K 女士虽然只是掌管一个小团队的股长，但是她肩负的责任却不可谓不重。一方面，团队可以通过她的某一个点子生产出畅销商品；另一方面，她也会遭到"为什么开发出这种玩意儿"的责难。

此外，还会经常出现开发的产品"没有商品化价值"或是在企划阶段就被迫流产的情况。那时，她甚至会产生否定自己存在价值的极端心理。

K 女士正面向某个目标群体，酝酿着能够发掘他们新需求的点子。她预感计划一旦实现，将会是一个巨大商机。

于是，她指示下属做市场调查，但是不知过了多久，他们依然没有收集到相关数据。于是 K 女士不得不亲自出马，核心的企划书也就不能按时完成了。

【实施指导】

新产品开发工作的市场调查不可或缺，可以说如果把握住了市场需求，整个工作就成功了一半。相反，如果市场调查最终失败，那么退货也会堆积如山。

K 女士需要的市场数据是目标人群的生活情况、生活中存在的问题和不满，而下属收集到的数据则是目标人群的预估数和该人群目前购入的其他公司商品的数据。之所以如此，也许是因为 K 女士自己需要什么样的数据没能向下属们传达清楚吧。

于是，每周推行一次行动固化指导，在那时 K 女士将自己真正需要的市场数据明确地用语言表达出来，并要求下属下次拿出与之相符合的调查结果。

随着行动固化指导推进次数的增加，K 女士的指示越发可以用简明的语言表达出来，而下属的调查报告精准度也在不断提高。

一个半月后，大量可靠的调查数据摆在面前，此时 K 女士便可顺利地进行企划书的撰写。在企划书被认可的两年后她设计开发的商品也投入了市场。

运用行动固化指导所获得的东西不仅仅是这些。

K 女士正确掌握了"指示下属"的方法。在这之前，她作为女性上司的意识很强烈，在某些地方会选择用一些模糊不清的语言表达。

当她意识到正因为如此才产生了这样的消极结果后，就开始使用谁听了都能够理解的清晰表达。

案例三：提升员工开拓新业务的效率

F 先生，年近五十，事业开发部部长

业务：生产物资（公共基础设施）新业务的开拓

下属：八人（二十多岁的两人、三十多岁的四人、四十多岁的两人）

必达目标：预计五年后整个公司现有业务的营业额会减少百分之五十，而减少的部分需要通过开拓新业务加以弥补。

课题：摆脱在现有业务的外延线上拓展业务这一想法

指导推行前的问题

F 先生所在公司的员工从事开发公共基础设施相关制品，本身就有开拓能力缺乏的倾向。公司有稳定的客户资源，整个公司内都弥漫着那种"只要能坚持做现在的商业板块就可以高枕无忧"的氛围。

然而，随着经济管制的放松，他们发现公司的一项主要业务难以为继。面临危机的上层领导觉得要从全公司的层面全面应对，于是他们命 F 先生启动新业务拓展工作。然而 F 先生仅有在现有业务的外延线上拓展业务的想法，一年内不断被主管经营的领导要求重新审视。

令人吃惊的是，F 先生虽然在部署的时候交给了下属新业务开发的任务，但是大家对新市场的开拓方法毫无理解。他们只是和现有业

务的销售人员一起行动，然后再去把握顾客的需求而已。

现有业务的销售人员只以获得短期销售为使命，他们几乎不会听取中长期的需求和课题。因此，即使与他们同行，对获取开发新业务的灵感也毫无作用。

【实施指导】

在首次召开行动固化指导会议时，首先要终止 F 先生的团队成员与销售部的员工一同行动。

在此基础上，提议"以信息交换的名义尝试接近其他行业的企业"。总之，在考虑到有必要探索全新业务的可能性这种大方向下，全体会一致同意。

不过，在召开第二次会议的时候，他发现谁都没有采取行动，也没有去尝试接近其他行业的企业。

虽然脑子里想得明白，但是在现实中如何接近不同行业的企业他似乎也是一头雾水。在这之前，经常会有连基本的东西都没有做好便去推进下一步工作的情况，现在他也领略到了开拓新业务的棘手。

因此，对于接近其他行业的企业所必要的行动，从打电话的方式到沟通的内容，都得深入细致地记录在案。

此外还要每两周召开一次会议，会议期间每个人将分享各自接触到的企业相关信息，然后针对信息分享后有何启发陈述意见。这样的会议既能得到专业指导者的帮助，也能在 F 的主导下完满进行。如此反复，团队员工就能切实得到支撑行动的固定观念，从而产生现有业务完全不会有的方向性灵感。

行动固化指导的后半期就是完成具体的企划书，增加探索新信息的下属的行动。半年之后，团队就获得了上层对新业务开发工作的认可。

案例四：怎样避免被过去的成功束缚

D 先生，年近五十，人才开发部部长兼公司董事

业务：本公司的人才开发

下属：八人（二十多岁的两人、三十多岁的两人、四十多岁的四人）

必达目标：一年内引入促进事业部业绩提高的培训项目

课题：对培训内容进行彻底评估

指导推行前的问题

D 先生所在的公司是一家以建筑材料的开发与销售为主营业务的大型企业。该公司很早就明白人才培养的重要性，而 D 先生所带领的人才开发部起到了至关重要的作用。再加上他已年近五十且为公司董事，人才开发简直可以说是重中之重。

但是，这样的任务却困难重重。

之前，D 先生所在的公司每年都会由人才开发部牵头举行不同岗位的培训活动。该活动引入之初产生了划时代的意义，它对活跃公司内部气氛贡献颇多。此外，事业部的业绩也因此获得了巨大提升。

然而，一直沿用至今的培训活动已经变得不合时宜。特别是近些年来，它已经完全失去了积极作用。经常会看到接受培训的事业部同事们牢骚满腹，或是陷入了一种停掉工作参加培训的状态。

原本在培训后要进行彻底的效果检验，但是 D 先生为测定培训效果所采取的方式仅仅是问卷调查，而在问卷调查中明显地反馈出"没意思""没作用"这种不满的人很少，负面意见不能被反馈出来。这样，最终情况和理想状态便出现了明显的背离。

【实施指导】

首先，D 先生要和四名老练的下属（都是四十多岁）一起接受行动固化指导。

在接受指导后他们发现，人才开发部和接受培训的事业部对接的员工只有一人。也就是说，一个人无法把握事业部如何工作、有何需求。于是，仅凭这样不会知道什么样的培训才有效果。

为了实现事业部所追求的成果——订货金额以及商品开发数量的增加，需要讨论什么样的培训为当下之需，同时也必须重新审视实施至今而陈旧不堪的不同岗位的培训活动。

于是，为了促进事业部所推行的销售项目和商品开发项目成功落地，D 先生他们决定重新开发培训项目。对此，接受指导的下属成员决定采取行动，听取事业部管理层的意见。

不过，在第二次指导会议上要求确认时，虽然两周已过，但是谁都没能采取行动。询问理由，才知道他们不懂得如何向事业部听取意见才好。再加上对方是管理层，好像也不怎么积极配合。

于是就要对面向事业部的意见听取行动进行具体分解，并制定意见听取单和委托书模板。在两周后的会议召开之前，需要借助上述材料确认各自的行动。

通过反复的意见听取，就可以发现积存至今的问题点和今后必须注意的主题。然后，半年后再开发新的培训问题测试，这一测试最终得到了下属成员的好评。时至今日，人才开发部仍承担着为实现事业部的战略而贡献力量的角色，该部门的价值也因此不断提升。

此外，掌握了行动固化指导的 D 先生和那几名四十多岁的下属，也在和年轻人的工作中将其用于各种场合。

案例五：怎样向海外员工传输企业理念

B 先生，年近六旬，海外开发部部长

业务：某保险相关企业东南亚开发基地的管理

下属：五十八人（二十几岁的十八人、三十几岁的三十人、四十几岁的十人）

必达目标：一年内向东南亚开发基地传输自己公司的企业理念，将开发效率提升至现在的两倍。

课题：灌输非流于表面的企业理念

指导推行之前的问题点

B 先生所在的保险相关企业十年前就已经下大力气开拓东南亚市场。在开发基地工作的多数是当地员工。对这些不同文化的员工传输本公司的理念是 B 先生的重要工作。

一直以来他都是将现有的企业理念翻译成当地的语言，然后用于教育培训项目。不过，虽然当地员工能够记住企业理念的文字语言，但实际上对其内容的理解偏差较大。他们对顾客搪塞敷衍，对待工作也是浑浑噩噩。B 先生觉得向他们灌输真正意义上的公司理念非常艰难，这一点令他苦恼不堪。

【实施指导】

他们的企业理念本就十分抽象，就连日本人理解起来也并不容易。于是，B 先生提议指导者不仅要用语言传达企业理念，也需要借助行动加以传输。

通过实施行动固化指导，在 B 先生的指挥下，召开了由日本派遣来的管理者和当地聘用的管理者组成的研讨会。

之后，将来自不同国家、讲着不同语言的人都能理解的企业理念转换为行动，着力将其分解。

在一周一次的研讨会上，对这一行动反复确认。然后随着行动的逐渐固化，三个月后，当地管理者的行为也惊人地"体现"出了企业理念的精髓。

后来，B 先生打算让当地优秀的管理者担任指导角色，通过行动固化指导向全体当地员工灌输企业理念。

此外，日本管理者通过参加研讨会，也可以学到如何管理当地员工。对于当地员工的问题行为，管理者就会注意到，发出"我都说到那个份上了"这样牢骚的自己在做事方法上存在问题。也就是说，他明白了要向语言和文化都不相同的人正确地传达信息，必须如何去做。这就是指导的意外收获。

第 3 章

行动固化指导的检测：有检测才有反省，有反省才有提高

01 行动固化指导的六大益处

推行行动固化指导的目的就是提升业绩。

无论对"好的指导"多么满意，仅停留在满意上仍旧毫无意义。如果无法达到业绩提升的效果，指导者和被指导者的时间就会付诸东流。

相反，如果沿着正确的业绩提升方法踏实前进，领导们将获得诸多实际收获。这些收获不仅仅在于了解如何促进下属成长，还在于从根本上掌握所采取的行动与该行动所产生的结果之间的因果关系。而这样的理解，今后在面对任何下属时都可以用作理想的指导方略。此外，它对领导本人的工作也有很大的促进作用。

优秀的指导者对行动固化指导的正确运用，会对企业产生积极影响。这种影响大致包括两方面：一是支持恰当行动的肯定性影响；二是阻止不当行动的否定性影响。

在行动固化指导领先的美国，这种影响使工作具体呈现出如下的变化：

1. 优秀者的定义和维持

真正的高水平者，能够明确应具体采取何种行动。然后在此基础上将这一行动在全公司范围内长期坚持。

2. 业绩预测的强化

业绩几乎向来不像经营者和领导者所预测的那样会顺利实现。但是一旦运用行动固化指导为每位员工设定可能实现的目标，那么高精度的业绩预测将成为可能。

3. 业绩水平的提升

行动固化指导可以提升中等水平者的能力。因此，即使成员构成不变，业绩水平也会提高。

4. 顾客服务水平的提升

依据行动固化指导所制定的各自的目标是与业绩提升息息相关的具体存在。因此，为了达成目标，显然不能对顾客敷衍塞责。这样一来，工作人员就会主动做出符合顾客服务需要的行为。

5. 人员开支的削减和生产率的提高

占多数的中等水平者工作能力的提高会促进生产率的提高，这样就可以实现人员开支的减少。

6. 工作方法的标准化

行动固化指导可以分解高水平者的行动并使其他员工实现行动共享。因此，关于"如何做才有成果"的问题，全公司范围内都可以得到有高度再现性的答案。这样一来，各自为政的低效行动就会相应减少。

这一系列的变化，哪一点都对企业经营十分有益。当然，这对指导别人的领导也同样重要。行动固化指导的引入为企业带来的巨大利益将远超你的想象。

02　用"共享工作单"来检验

　　行动固化指导要求在定期会议中核实工作进度和效果。为了正确发挥指导的功能，指导者和下属成员在会议中要有可以共享的工作单。而工作单正是检验行动固化指导的绝好材料。

　　工作单中最好提前列好工作标准流程，在开会期间人手一份，每人都做相关记录。若是一对多的指导，指导者则需要接收多份工作单。

　　工作单上需要填写姓名和会议日期，并设立如下栏目：

　　1. 我（其中一员）想完成什么

　　• 具体应该采取哪些行动

　　• 想从顾客和公司内外获得什么反馈

　　• 想要获得什么结果

　　2. 如今推行的行动固化指导带来了什么影响

　　3. 指导者该如何帮助下属成员

　　4. 下次会议前还有什么约定事项

　　第四项的内容每次都可以改写。如果持续写入同一事件，就说明该成员过了这么久仍然没有取得他自己预想的行动效果。

　　第一项也有可能多次都写成同一件事。下属成员可以借此加深自我认识，进而唤起他们"必须真正采取行动"的心情。

　　第二项和第三项是指导者特别需要详细过目的两项。坦率地说，这两项可以体现出指导者是否在发挥效用，同时也可以了解被指导者如何理解指导者的话。

　　通过对工作单检验功能的运用，行动固化指导就可以成为切实可行的实践方法了。

03　工作单的数值管理法

检验你所使用的行动固化指导是否正确发挥作用的另一个方法就是观察业绩的推进情况。

你用下属做好的工作单来记录会议日程和行为指导内容。与此同时，还有必要一边记下业绩数值，一边推进业绩提升。

在引入行动固化指导之后，对业绩数值提升的检验频率将尤为重要。比如之前每三个月核查一次，如今则需要细化到每个月详细把握。

当然，通常情况下业绩不会即刻发生变化。根据业态不同，行动固化指导反映在业绩方面也许需要一年以上的时间。如果可以预测时间差再好不过，在发现业绩变化的时候，有必要提前了解"何时何地何种指导已经奏效"。

同时，最好通过数值来捕捉顾客服务和沟通技巧等容易暧昧的主题及其改善情况。

通过工作单来检验行动固化指导

会议时间	山田	高桥	佐藤	牛山	柳	备注（销售等）
6 月 7 日	√	√	√	√	√	
6 月 21 日	√	√	√	√	√	销售○○日元
7 月 5 日	√	√	√	病假	√	
7 月 19 日	√	√	√		√	销售○○日元
8 月 2 日	√	出差	√	√	√	
8 月 16 日	√	√	√	√	√	销售○○日元
8 月 30 日						

此外，观察下属成员的行动也不可或缺。

每个员工获得顾客的褒奖和感谢增加了多少，或者说投诉是否有所减少。对这些情况进行统计并用数字反映出来，这样便可以了解到顾客服务水平的改善情况。

如果统计自己受到问候和被让座的次数，就可以知道你沟通能力的提升情况。

在商务场合中不允许"大体上是这种感觉"这样的把握方式，任何事情都有必要通过数字来掌握。

04 测量员工的行动变化

有必要关注下属成员工作状态的变化。如果能发现他们前所未有的理想表现，那就对之进行测量。

比如在会议上的发言和跑过来向你汇报的次数到底有多少，企划提案数是不是有所增加。

如果是销售岗位，即使看不到签约数量的变化，但是如果约见顾客的次数和顾客进店次数有所增加的话，行动固化指导就算得上是开始见效了。要将这样的变化认真地整理起来。

因为肩负责任，所以领导总是会为结果心急如焚。他们不追求结果固然不行，但若将眼光投向过程就会发现下属的进步。此外，如果能在过程中发现问题也可以尽早地想办法纠正。

对于销售岗位，如果顾客进店的次数非但毫无增长反而不断减少，那么结果很可能会离实现目标越来越远，所以必须立即考虑调整。为了让下属成员不误入歧途，细致缜密的检验不可缺少。

另外，也可以根据与业务无直接关系的人的行动来检验行动固化指导的效果。

如果成员中有谁规劝其他人与自己的指导者（你）沟通，或者向指导者（你）介绍其他人，这就说明，他们在你所推行的行动固化指导中收获很大。

此外，传达超出指导者意图的信息和提出新问题的时候也是一样，下属成员应该会有"要是使用行动固化指导，将更加有所作为"的感觉。

05 为员工评判主管创造条件

作为行动固化指导的基石，行为科学管理要进行"准确的领导力调查"。

具体来说就是以调查问卷的形式让下属对直属上司进行评价，将通过无记名方式收集到的相关结果提交给更高一级的管理者。原则上接受评价的上司不可以看到调查问卷。对他们来讲，这样的调查非同小可。

由于采取了无记名的形式，下属可以无所顾忌地写出真实想法。

这样的调查之后，就可以了解到上司和下属之间到底存在多大的分歧。有的被认为人缘颇好的上司惨遭恶评，有的不显山不露水的上司获得信赖。所以，这称得上是"准确"的领导力调查。

如果领导以自己的下属为行动固化指导的实践对象，那么就没有必要再进行这样的调查。不过要是全公司范围内都在推行行动固化指导，那么针对指导者的领导力去做"准确"的调查就是好的。

总而言之，你或你的优秀下属在推行行动固化指导时，关于是否确实发挥了作用，即是否确实发挥了领导能力，有必要接受来自周围的评判。

要了解行动固化指导如何被接受，同时又如何给予了周围人怎样的影响，就要获取接受指导的下属和客观看待这一问题的同事的评价。

作为指导者，心里可能会觉得自己在百忙之中抽出时间进行指导却受到负面评价，岂能容忍。但是，接受评价对指导者来说是大有裨益的。

这些评价可帮助指导者更早地确立指导的基础。如果再认真地加以反思，指导者就会发现自己的指导方法尚有可以改善之处，指导能力也尚有进一步提高的余地。

此外，数字支撑的验证可以进一步变成现实。数值改善的背后，是哪些行动上的改变呢？从当事人那里就能获得直接的回答。

由于这种调查包含更多的自由回答，所以我们会从中得到一些指导者难以想象的回答，甚至有时会得到一些和指导内容八竿子打不着的东西。但是，这样的做法可以让指导者和下属成员逐渐培养出坦率沟通的习惯。

业绩不能得到提升的团队，往往伴有"职场沟通不畅"的问题。行动固化指导不仅能够促进业绩提升，还可以使指导者和本无交集的下属建立纽带。

06 如何问，才能得到想要的信息

上世纪八十年代美国篮球界的王者，凯尔特人的主教练阿诺德·雅可布·奥尔巴赫（Arnold Jacob Auerbach）曾说过："重要的不是自己说什么，而是别人要听你讲什么。"推行行动固化指导的指导者最好将这句话写在记事本上保留下来。

对于指导者和下属成员来说，如果有人问"指导者说了什么"，正确的回答不应出自指导者之口，而应是下属成员接受指导后的表达。

在行动固化指导中，下属成员就是指导者的镜子，所以指导者必须真诚地面对镜子。这样就不会产生"虽然我传达得对，可下属成员却错误地接受了"的情况。

在推进行动固化指导的过程中，指导者需要对下属成员进行适当的询问并验证其回答的正确性。

1. 这些问题才是好的问题

下属成员对指导的接受度如何？以下列举了几个问题，以对此进行检验。

- 指导者说的和下属成员听的究竟有没有差异？

  "关于你我的对话，你在笔记本上都记了些什么？"

  "你觉得有益的地方在哪里？"

  "你对我讲的哪些话印象最深？"

  "今天我应该帮你做些什么呢？"

- 指导是否造成了下属成员行动的改变？

  "和我沟通之后，如果你要改变行动，会从何做起呢？"

  "和我沟通之后，你是否做过和之前有所不同的事情？"

  "通过行为指导，你在采取行动时是否感受到些许快乐呢？"

- 指导者应该改变的地方在哪里？

  "我的指导是否有帮助？"

  "我的指导在哪些方面对你有所帮助？"

  "为了让你更好地开展工作，我能为你做些什么？"

  "你觉得有没有和现在不同的方法、应该放弃的东西和可以取代的东西？"

  "有没有灵光一现的点子？"

定期将类似问题抛向所有下属成员，通过自由回答和问卷调查等方式来获得更多的答案。

2．不要被这些答案糊弄

不管什么探讨，都必须得到"具体的回答"。在获得满意的回答之前，有必要变换提问方式，不断探索。

如果你的指导对下属成员来说发挥了理想的作用，那么你就应该得到如下的回答：

"针对与业绩提升挂钩的明确行动，课长您给我们带来了毫无矛盾的指导。该行动就是……"

"我按照会议上决定的办法采取行动，结果像领导说的一样，工作做起来顺利了很多。具体是……"

"我觉得之前我的工作一直很困难，而现在我收到了积极的反馈。这样的反馈是……"

"公司和课长在我身上寄予哪些期望，我可以明确理解、毫不含糊。我应该做的是……"

这些回答的省略号部分是需要认真听取的。在得到具体的答案之前要反复提问，如果没能得到期待的回答，那就说明下属成员只是应付地说了一些场面话而已。

"真心感谢您给予的各种帮助。"

"课长真是非常棒的指导者。"

"每一次的指导都使我受益颇深。"

"承蒙指导，我现在可以自己独立思考问题了。"

"每一次的会议都趣味盎然。"

如果下属成员始终都是这样回答，那么恐怕行动固化指导之箭并没有射到"落实具体行动"的靶子上。

或许还有下属成员直接否定指导。

"自己的事情自己思考，请充分放权！"

"我不喜欢这样的做法。"

"您讲的东西我不大明白。"

"我觉得这么做会使工作更加难搞。"

"我不觉得这里有什么新的东西。"

"让我返回原来的工作好吗？"

遗憾的是，任何地方的员工都会有这样的反应。此时，没有必要对他们感情用事，也没有必要对自己丧失信心，因为他们只是坦率地表明了自己的感想而已。在他们的回答中，包含着让指导者提高自身技能的暗示，只要指导者着力提升自己就好了。指导者应该得到同事的帮助，客观地发现需要改善的地方。

比起那些一味奉承的下属成员，也许对指导深感不快的人反而会成为它的支持者。

07 同事往往旁观者清

在采取行动固化指导为时尚短的时候，指导者也许很难得到下属成员的真实反馈。

之前在沟通不畅的职场，即使告诉大家"今天对任何问题都可以畅所欲言"，下属成员也不知道如何是好。即使沟通比较顺畅，要他们尝试提出意见，更多的人还是会持慎重态度。

这时就请借助同事的力量。你可以从意气相投的同事那里获得下属成员对指导的意见反馈。

此时，不仅可以听到下属成员的意见，也可以想办法获得同事坦率的建议。

"你觉得我说的事情传达到位了吗？"

"你觉得这样效果会好吗？"

"你觉得他们有什么变化吗？"

"他们对指导是否积极接受呢？"

"请告诉我我做得不对的地方。"

你可以向同事提出这样的问题。

一边参考各自的工作单一边互相评价

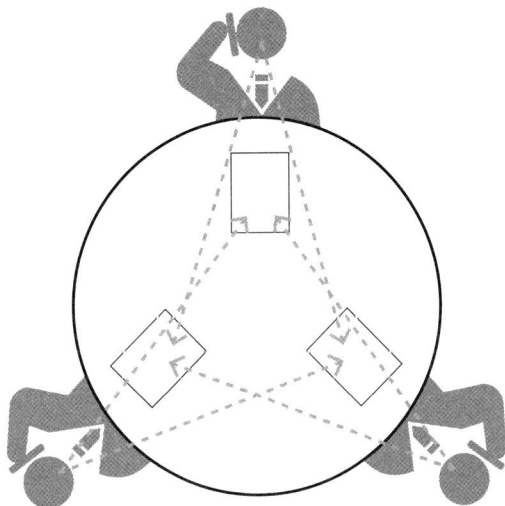

　　同事会比下属成员更加客观地评价你的指导。如果你能够倾听下属成员的意见和同事给予的客观评价，你就可能成为优秀的指导者。

　　如果同事也能站在相同的指导立场上，并定期召开"评价会"，对你也会有很大帮助。大概每月一次，互相披露一下各自的指导内容，然后再互相听取各自的意见。

　　此时有必要注意不要含糊不清地表达感想，然后草草了事。你必须在工作单中记录如下事件：

　　1. 自己在对下属成员的指导中已达成的事项。

　　2. 指导推行中实际发生的事项。

　　3. 自己的指导的闪光点。

　　4. 自己的指导需要改善的地方。

一边参考各自的工作单一边交换意见。通过这样的评价会，你不仅可以获得别人对你指导的客观评价，而且可以学到别人推进指导的方法。

08 通过第三方的反应来检测效果

指导是否真正发挥作用，你也可以从顾客和客户的反馈中得知一二。

当然，也可以从他们那里获得关于某位特定下属成员的有益信息。如果行动固化指导确实使你的某位下属充分满足了顾客需求，那么在获得"最近 A 非常值得信赖"这一褒奖的同时，也许你也会获得比之前更多的订单。

那时，你对 A 的指导就显然发挥了作用。

但是，多数情况下外部人员无从得知你所在的职场的情况。即使糊里糊涂地有所了解，他们也不一定会去谈论。所以在看到外部反应时，你有必要作出适当的回应。

1. 传达实际发生的问题。

2. 向下属成员发问。

3. 得到相关信息时需进一步追问。

4. 在必要的时候，要为深入沟通准备好场合。

5. 将所获信息向下属成员反馈。

6. 和外部人员打交道的意义需要向下属成员说明。

重要的是，在完成第五项时继续执行第六项。必须向下属成员传达："外部人员立场客观，而且他们的评价和我们的业绩直接相关，所以我们每个人都有必要倾听。"若非如此，就容易产生"我们上司在背后评论下属"的误解。

更为重要的是，要对外部人员的反应保持敏感。如果他们表现出对你的问题毫无兴趣，就不可勉强。

你所推行的事情，如果能让外部人员有所获益，他们就会积极支持你。然而，如果他们感觉到毫无益处，或者觉得和自己并无特别关系，和他们沟通起来就会十分麻烦。所以要有感受并获取这一信息的能力。

09 客观评价自己的方法

作为行动固化指导的指导者，就发挥正确的领导力这一方面，也请你客观评价自己。

我们很少真正努力地把握自我评价的机会。人们总是容易对自己满意，关于这一点只要参考一下前面所讲的行为科学管理中的"正确的领导力调查"就会明白。

但是，在商业场合失去审视问题的客观性将十分危险。这时指导者需要像优秀的领导者一样对自己了如指掌。

行动固化指导中的"自我评价测试"会使你客观地认识自己。不言而喻，指导的准确度当然也会因此获得提升。

自我评价测试

以下各项分五个阶段进行评价：

A. 我明确且没有歧义地规定了业务应该达到的成果。

B. 通过提出有益于改进业务的方法，我给出了建设性的反馈意见。

    C. 我为强化下属的良好行为提供了机会。

    D. 我持续关心业务的改善与强化。

    E. 我言出必行。

这五个阶段的评分方法如下：

    "完全不符合"……1 分

    "不太符合"……2 分

    "大体符合"……3 分

    "相当符合"……4 分

    "完全符合"……5 分

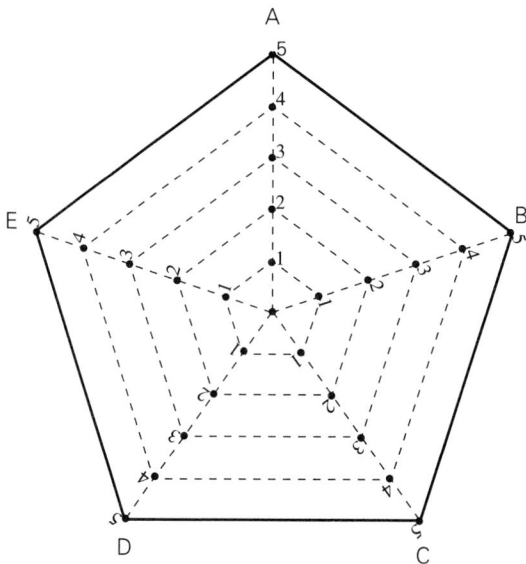

"自我评价测试"得分表

　　将答案以下图的方式记在工作单上。

　　理想情形是，每次的重复指导，你所获答案的五边形都一般大。对于凹陷下去的选项，你可以试着在空白的地方写上"怎么做才可能获得好分数呢"，并一定要将它反映在下次的指导中。

第 4 章

五大要素，让员工自发努力

如前所述，行动固化指导拥有切实实现目标的计划安排，它不依赖于指导者的性格、态度等捉摸不定的个人因素，而是通过"计划的力量"来提高员工的能力。

将这一切转化为可能的，正是有近百年历史的行为科学原理研究。行为科学原理认为，我们自己或周围人所追求的"自愿的努力"并非是依靠精神，而是依靠科学的帮助得以实现的。

这样的行动固化指导，以行为科学原理为核心，在其计划中加入了提升业绩的必要条件。这些条件被用于唤起能力中等的员工的自愿努力。它们是：

1. 合作性

2. 具体性

3. 再现性

4. 一贯性

5. 客观性

这些条件是两人以上的团队实现某个共同目标所必不可少的，但多数职场都有所欠缺，问题更严重的竟连一个条件也不具备。

不过，确切而言，这些条件并非是不具备，只是未被觉察而已。通过践行行动固化指导，便可发掘出这些埋藏在职场中的条件。然后再根据这些明确呈现出来的条件来引导指导精度的进一步螺旋式上升。

具体情形如何，我们还是举例说明。

01 合作性：让员工成为你的合伙人

如今的管理者在培养下属时显得异常孤独。

对于管理者来说，"宽松世代"的下属可以称得上是"外星人"。在管理者看来理所当然的事情，对这些下属来说却并非如此。在培养下属的过程中，很多事都令他们惊诧不已。他们深深地体会到当初自己学到的那套准则对现在的下属已不再适用。

然而，这一点并不被比这些管理者更年长的上级所理解。如果他们因顾及容易受伤的下属的自尊而过于温和，就会受到"为什么不对下属严加管束"的斥责。

面对这种状况，管理者们便会独自一人搔首挠头，不知如何是好。而此时无人施以援手。

不过，行动固化指导最初的起点在于"合作"，而并非要求你一个人承担责任，完成所有工作。

作为指导者，在行动固化指导中你要与被指导者通力合作。此外，在检验指导的推行程度和适用情况时，也需要同事配合行事。有时谋求外界协助也无伤大雅。合作性是行动固化指导的巨大魅力之一。

行动固化指导本身在需要合作性的同时，也会使合作能力全面根植于你的公司。

问题场景：当下属分为两大敌对势力时

M 先生，45 岁，是地方城市广告代理商——S 公司的项目经理。他有六名下属，每三人为一个团队。实际上，这种组织架构也正好成了 M 先生头痛的原因。

假设这两个团队分别为 A 组和 B 组，两个团队的负责人分别是领导 A 和领导 B。坦率地说，领导 A 和领导 B 的关系并不融洽。

领导 A，36 岁，是公司的元老级人物，他性格沉稳，不喜欢和别人明火执仗地竞争。领导 B，35 岁，是公司后来引进的人才，他从小型生产公司跳槽进来，有一股不断追求的精神。

这两个男人年龄相近却性格迥异。他们分别有下属二十多岁的男女员工各一人。从各方面看，两个团队都有着强烈的竞争意识。

尽管如此，这种竞争对门店的发展有一定好处，但同时竞争意识所表现出的"非合作性"也十分棘手。

那四个二十多岁的男女员工似乎并不像领导一样具有"团队意识"，他们几个人一起去吃饭的时候即使被 M 先生看到也会表现得一团和气。

但是，一旦有领导加入，情况则大不相同。

某日，B 团队的一名员工百忙之中帮 A 团队做了一些工作。得知此事后，领导 B 在 M 先生在场的情况下怒如烈火地批评下属："你有没有（帮 A 团队）做事？难道我没有告诉你只要做好本职工作就可以了吗？"

这样的话也使领导 A 一向波澜不惊的脸变了色。此后，年轻的下属们都唯唯诺诺起来，职场也被惨淡的气氛所笼罩。

对 M 先生来说，领导 A 和领导 B 都不可或缺，因为他们对 M 先生的业绩提升都贡献颇多。因此，M 先生对他们工作方法的不同多有放任，更不用说他们的性格差异了。至此，M 先生对他们两人的不合也未置一词。

但是，M 先生觉得应该让年轻人避开两个领导的不合，保持自身工作的自发性。此外，由于两位领导者都很优秀，M 先生想着如果能融合两人各自的优点将受益无穷。

现在，一个前所未有的大项目落在了 M 先生身上。他计划让两个团队共同承担推进，但这样似乎会产生各种各样的麻烦。

解决方法：引导"刺头"用领导者的眼光看问题

在新项目成立之时，M 先生若采用行动固化指导将会产生何种效果呢？这似乎非常值得一试。

首先 M 先生在接受行动固化指导后自己即成为指导者，而领导 A 和领导 B 两人则自然成为接受指导的对象。M 先生既可以选择在会议期间用一对二的形式给予指导，也可以考虑以一对一的方式分别培训。

不论如何，M 先生都应该阐明这个大项目的存在，并要求 A、B 二人齐心协力。然后向他们说明促使项目成功落地需要他们团结一致、努力奋斗，因此他想借助行动固化指导来辅助实践。

无论 M 先生怎么安排，性格顺从的领导 A 也许不会表达异议，但他是否真心赞同则无从知晓。

而此时领导 B 也许会发表不同意见：

"采用指导绝无必要，这样白白浪费时间。将这一项目全部交给我们 B 团队来做即可。"

从这一席话来看，领导 B 就是"抵制势力"。

实际上，打算采用行动固化指导的企业中产生抵制势力的不在少数。我们人类会对变化产生本能的厌恶，面对新事物时带有的排斥感也是与生俱来的。

也许此时有人想消除抵制势力，但往往不得要领。当然，如果能从中得到好处，这些人也想扮演配合者的角色。所以，有必要让他们理解采取行动固化指导将会为他们本人带来好处。

那么，如何给这两个团队的领导设定目标才算妥当呢？我想最为理想的目标要能对项目的成功落地发挥作用并能促进各自的成长。设定了这样的目标，即使是平日里常常不愿配合的领导 B，其前进欲望也是倍于常人。当他明白这对自己的发展多有促进时，他就会愿意一起协调合作。

比如领导 A 设定了"为了使项目成功落地，要获得三大企业鼎力配合"的目标，而领导 B 想订立"将举办相关文化活动的事情通知县内五家企业，并向全日本发出公告"的计划。

二人所订的目标都对项目的成功落地大有裨益且互不冲突，此外他们也明白通力协作将更有优势。

在为设定项目目标而召开会议时，M 先生有必要考虑引导这样的汇合点。此时若能设定相互补充而不是互相竞争的目标，就再好不过了。

　　结束目标设定后付诸实践，在完成反复验证之后，也许下次 M 先生自己也可以大受启发。

　　起先领导 A 和领导 B 之间的不合缘何而起呢，这难道不是因为 M 先生的处事方法存在问题吗？

　　M 先生只以考察 A、B 两人的业绩提升为重，除此之外不置一词。他虽然知道 A、B 之间素有不合，却一直觉得和自己无关而置身事外。不过，他难道真的对此毫无责任吗？

　　通过多次开会，M 先生应该对他们两人知之颇多，然而不管是对领导 A 还是对领导 B，他的了解都显得过于浅薄。

　　也许之前两个团队的领导都希望更多地得到 M 先生的理解，然而在没有如愿的情况下，他们就会以极端的方式推行自己的主张。

　　在行动固化指导的过程中，作为上司的 M 先生如果能为实现目标而全面发动自己的经验和技能，也许就能改变他下属的团队领导的工作方式。

　　团队领导有两个，每个都能力十足。如果此时 M 先生能够恰当地推进行动固化指导，他的技能就可以传授给 A、B 二人。

　　在学到 M 先生的技能后，他们二人也会以指导者的姿态轻松指点自己手下二十多岁的年轻员工。那时，他们二人就会像曾经的 M 先生一样自省。

　　如今他们二人对自己的事情不遗余力，而对年轻的下属却不大关心，对他们的困惑也不甚了解。不过一旦他们成为了行动固化指导的指导者，就能面对自己作为上司所讨厌的东西。

　　行动固化指导可以将这样的优良文化根植到职场。

02 具体性：别搞暧昧，把指令具体化

行动固化指导和传统指导的巨大区别在于其具体性。在构成行动固化指导基础的行为科学管理理论中，一律不能使用模糊表达。

听话的人和说话的人，对同一话语的理解各不相同。我们在听话时不断地混入杂音，在大脑中也会有各种思考，所以"声音"最终未必会正确地传入耳中。

已证实，人一天当中有七万次的"心灵谈话"（mind talk）被干扰，不论我们是否意识得到。即使是在阅读本书的瞬间，你的头脑中也会交织着一些和本书内容毫无关系的想法。

因此，如果话语表现模糊，就会难以清晰地传达本意。特别是对某些事物的形容，我们每个人对这一信息的捕捉不尽相同。

"这个汤很烫吗？"

"这个……其实也没那么烫吧。"

"难道不是很烫吗！都烫着舌头了。"

这样的意见不一时有发生。"很烫"或者"没那么烫"的模糊表达并不能正确说明具体状况。更何况那些怕烫的人，由于他们和普通

人对烫的感受有所不同，他们的感觉与他人也会完全不同。

"这个蛋糕真好吃呀。"

"嗯，确实很好吃呀。"

就连双方都在表达同一感受的时候，对那种"好吃"到底是何种味道也不能互相理解，而一旦"互相理解"即可有所感知。这便是问题之所在。

虽然人们也可能会因为觉得"这也许是没有传达到位"而加以留意，但如果自认为"传达无误"，大家所用的语言就会渐渐含糊不清。

正是出于这样的原因，在商业场合就会失掉各种有效的机会。

问题场景：当下属无法进步时

总部位于东京涩谷的 PR 和 K 两家公司的员工多次前往客户处探讨企划方案。

其中，S 先生，42 岁，被 K 公司委派为一个讨论组的负责人。他一直想让下属都能尽快独当一面。对那些稍小一些的企划案，他希望即使自己不同行参与，下属也能够做得游刃有余。这样一来，他自己便可集中精力投入到更大的企划案之中。

因此，通常情况下他就会将这种想法说出来：

"即便是我主要负责的企划案，我也希望你们当中有人能够主动请缨。"

"好的，我们一定努力！"

能听到这样充满活力的回答，就说明下属们也希望早一点独立承担。

然而现实却和预期相差甚远。每次发表企划案的时候，S先生的焦虑都会达到极点。

提案当天，他发现带来的投影仪效果很差。

带给顾客的相关资料也未齐备。

当他发现名片已经用完时，却只见下属慌忙跑出……

外出的时候一旦发现不妥之处，他就会怒不可遏。

"难道我没告诉你们要提前认真准备吗？"

某天，一个单身新员工的衬衫满是褶皱，S先生竟然因为不体面而不让那位员工同行。在这种情况下，如果有重要的企划案摆在眼前，S先生当然会在精神上筋疲力尽。

后来该企划案总算结束，而他对下属的埋怨却与日俱增。

下属们完全不打算主动工作，而S先生只能孤军奋战。有时他们虽然会做稍稍摆正投影仪位置、对客户点头示意这类并无多大意义的事情，但是能说服对方的机灵反应却丝毫不见。他们的存在也仅仅如此吧。

"这么多次一起出去，我的做法你们应该都看到了吧，为什么时至今日仍毫无进步呢！"

不管带上哪一个下属，大体上都是在重复同样的结果。这样下去，期待下属有朝一日能独自负责企划，这难道不永远是天方夜谭吗？

解决方法：分解计划，让下属逐渐成长

S先生的下属难道都是无能之辈吗？

当然不是。谁都希望自己一人能够独立负责企划案，然后拿到

签单，最后能够尽早独当一面。也许是他们遇到的问题难度过高而已。

S 先生必须意识到难度对自己来说即便仅有五十厘米，也会让经验尚浅的下属感受到相当于两米。

S 先生说"提前好好准备""认真看着我的做法然后模仿"。下属也理解了他的话，但是却不知如何具体行动。

在设置高目标时，具体性尤为重要。如果自己没能对为了超越困难而应采取何种行动心知肚明，下属们就会无所适从。

如果 S 先生采用了行动固化指导，他就不会说出"提前好好准备""认真看着我的做法然后模仿"之类的话。

在设定让下属"一人独立做成企划案"这一目标时，就应该想着了解这个问题的难度大小，然后想方设法使具体行动符合现实。

此外，关于何时实现目标，S 先生应该和下属一起决定。然后再考虑分段实施、步步为营。他应该明白，斥责下属"为什么时至今日仍毫无进步"没有意义。

"本月大家先看看我的做法，回到公司后试着反复演习。"

"三月份的 PPT 资料就由某某来做如何？"

"到四月的时候，哪一位最先试试做个企划？当然，如有不到之处我会加以补充。"

如此这般制定好明确的计划期限，S 先生自己就可以分解并传达实际企划过程中所采取的行动。

何时寒暄，使用何种表达来说明，声音大小多少合适，在众多对象当中看到谁应该招呼……对这些 S 先生自身并未意识到且认为理所当然的事情，他应该细细分解并具体传达。根据场合，也许也有必要自己拍摄视频并对其进行分析。

如果让下属学会做好上述演示后再与自己同往企划现场，他们的理解将会更加深入。如果不这么做，而是漫不经心地让下属观摩示范，他们就无法得知关键点在哪里。

将必要的准备工作列入清单即可：

- 投影仪的运行情况前一天下午前确认。
- 为保险起见，复印的资料要比出席会议的人数多备一份，并将其分别放入文件夹内。
- 前一天晚上就准备好西装和衬衫，并确认其是否洁净；擦好皮鞋。
- 提前查明路线，并将换乘时间计算在内。
- 确定当天可以提前十五分钟出发。

如果将这些具体的计划列入清单，下属们便可切实执行。然后将这些行动在反复实践的过程中不断固定下来，即使后来不用参照清单也能操作。

企划结束之后不要大发雷霆，而要去检查何事可行、何事不可行。即使做了不可行之事也不要带着情绪加以苛责，而要停留在未能采取合理行动的地方，确认原因，并保证下次排除这一问题。

当然，如果下属能够担当就立刻表扬他们以强化行动，并让他们坚持下次也能继续担当。

按照这样的步骤，行动固化指导就可以切实引导完全没有行动力的部下担当起来。

03 再现性：让正确行为成为标准化动作

之所以可以考虑通过行动固化指导来提升中等水平员工的能力，是因为这一方法具有高度的再现性。

在企业，再现性非常重要。

东京迪士尼乐园开业三十年至今仍然获得顾客的高度支持，是因为任何时候去那里都可以感受到同样心情舒畅的优质服务。东京迪士尼乐园的工作人员数量庞大，且大多是年轻的打工者。即便如此，乐园仍可维持服务水平不打折扣，这也许就是因为他们有着再现性极高的工作程序书吧。

特别是当企业规模越来越大时，再现性就成为关乎企业生存的大问题。

一个超凡的经营者支撑起巨型企业的现象在日本不胜枚举。这些企业的强大在于独裁经营。如果最高决策者指明方向，全体员工就会向着同一目标齐力迈进，所以他是借助速度和集权来驾驭他人的。

但是另一方面，独裁企业的再现性也十分脆弱。由于超凡的最高决策者的做事方法谁也无法因袭，所以在这个最高决策者去世后，企业留下的就只是中等能力的员工了。

当然企业也懂得经营队伍再现性的重要性。但是在企业日渐壮大的过程中，高能力者（即超凡决策者）被过度依赖而中等水平员工的再现性问题则被搁置。而后来当这个问题被再次注意到的时候，企业就已陷入进退维谷的境地了。

问题场景：当团队离职率过高时

C先生在大学毕业以后到现在48岁，一直在一家知名住宅建筑公司的销售部门工作。虽然去年开始当上了第三销售部部长，但实际上他既是管理者又是执行者。

现在他手下有男女员工十七人，为了确保销售额他拼死努力。当然，他会亲自负责重要顾客的接待，几乎每天都有创收。

他的员工阵容常常变化。虽然每年都会招录刚刚毕业的大学生，但多数人工作未满三年就会辞职离开。

新建住宅合同是公司的对外窗口，所以这些合同在更多情况下会被第一销售部收入囊中。而C先生的工作主要是改建等方面的客户开拓，所以他必须使用老套的推销方式，挨个寻访有改建需要的家庭。

改变外墙就会看起来美观的人家和自认为有必要夯实地基的人家，在C先生这些专业人士看来都有潜在的改建需求。但是当他顺势造访并将这一想法告诉人家时，却往往会遭到这家人的厌恶和驱逐，严重时会被当作强行推销人员对待。

另一方面，如果能够将门扇修补之类的小事完成得认真漂亮，他就会因得到信赖而获得全面改建的业务。

这是一种不同人会有巨大业绩差别的工作。

立志提高销售的下属会获得相应的收入，所以他们会带着欲望推进工作。但没那样去做的部下就会因觉得"这个工作不适合自己"而选择辞职。对于他们的离开 C 先生感到确实可惜，但对此他无能为力。

无论录用怎样的员工，都必然会产生一定的成本，在职中还需支付其工资和交通费用。这一切费用都需要在 C 先生规划的成本中加以计算。

此外，他会觉得那些辞职的员工也许是真的不适合这项工作。或许仅仅是因为他们没能理解到工作的关键环节而将解决问题的巨大可能性隐藏起来了……

带着这样的分析，C 先生试着将制定了销售计划的下属和没有计划的下属两人分到一组工作，然而毫无效果。

解决方法：向骨干员工授权

C 先生他们的工作需要分散行动，因此每个下属的单独行动会被"隐藏"起来。

C 先生自己无法把握下属在现场到底如何工作，特别是他在多数情况下对业绩优秀的部下了解不多。

C 先生为了让销售业绩无法提升的下属有所突破，要么带领他们和他一起参与销售，要么让他们参与个别的会议。因此他就会对工作上能够担当的下属放任自流。

　　C先生觉得，对能力超凡的下属，即便不提要求他们也能拿到签单。他们希望上面最好不要喋喋不休，自己只要能得到劳动报酬就谢天谢地了。

　　表面看来C先生和高水平者之间存在着"双赢"的关系，但是仅仅保持这种关系就可以万事大吉了吗？

　　本来就忙碌不堪的管理者，没有必要在这些能力超群的人身上浪费时间。但要是不能理解他们的处事方式则会举步维艰。

　　高水平者炙手可热，如果没有他们将是怎样一番景象呢？那时即便后悔地说"将高水平者的技能向中等水平者传授一点"也为时已晚。

　　C先生不得不更加积极地努力让中等水平者掌握高水平者的技能。当然，以此为目标的C先生采取了将优秀的下属和表现欠佳的下属搭档组合共同销售的方法，当然只是这样还不能让中等水平者模仿到高水平者的做事方法。

　　大多数上司都没有注意到这一点，他们想要将教育中等水平者的任务交给高水平者。

　　"山田，请多多指导佐藤。"

　　"大家有不明白的地方就去问问田中。"

　　然而，高水平者是不会那么简单地将技能展示出来的。

　　当然高水平者并非是心怀恶意扭扭捏捏，而是因为这么做似乎不会为他们带来丝毫好处。另外，高水平者多是凭借灵感推进工作，因此被要求"展示技能"时，很多时候他们也不知该怎么做。

　　但要是采用了行动固化指导就不会出现这样的问题。

　　如果作为团队成员的中等水平者定下了"三个月将销售业绩提高

10%"的目标，那么指导者无论如何也得促使其达成目标。为此，就必须先分解自己的行动，然后落实到位。

所以 C 先生所在的职场也希望尽早引进行动固化指导。

首先，C 先生先要成为指导者，然后将几个高水平者作为小组成员予以指导。指导主题就可以叫作"传授技能，使中等水平者成为高水平者"。

接着，就是要尽早实现指导者的替换，亦即使这些高水平的下属成为指导者，用行动固化指导来指导作为小组成员的中等水平者。

此时，有必要让高水平员工理解到"将自己的行动分解后传达给别人"的操作对自己是大有裨益的。

在激烈变化的商业环境中，你永远不会明白"灵感"如何能够通用。而通过正确把握现今自己的行动，将自己放在任何环境中就都可以构筑起灵活应变的自我来。

行动固化指导给予指导者明确的角色担当，而这一角色则会使人成长。没必要让同一个人在任何时候都扮演指导者的角色。当然同一个人也不可能永远都是指导者。

C 先生有将十七个下属都归拢为"自己的下属"的倾向。事实虽然如此，但让各个下属都更有担当才是恰当的。C 先生之前的做法发展出了与现在不同的横向关系，自然使团队成为一团散沙。

04　一贯性：下指令切忌"没准儿"

如果询问年轻员工"你对上司哪里不满"，大多数的回答都是"做事没有一贯性"。

"管理者口头所说和实际所做的背道而驰。"

"课长说的话频频改变。"

在只有年轻员工参与的酒会上，这样的批评屡屡飘出，但是这样的不满不会传到上司的耳畔。

站在上司的角度看，也许他最不愿让下属说自己"缺乏一贯性"。当然这是灵活性的证明，因为他这么做只是为了应变。

然而对下属来说，上司的话就是权威。如果上司的话语没有一贯性，那么下属则无法执行。

平日里告诉下属"事无巨细必须汇报"，但是他自己却一点也不愿到部长那里汇报工作。在下属看来，这样的上司难以取信于人。

在刚说完"从现在开始必须开拓夏季的市场需求了"的第二天，又将计划转变为"那样的东西夏季应该卖不出去"。此时下属就会对如何执行无所是从。

因对象不同而改变说法也是问题所在。例如表扬 A 的提案"积极可行"，但同样的提案在 B 那里却被随意说成"什么玩意儿"，这样将会大大损伤 B 的积极性。

此时受打击的不仅仅是 B 一人。在表现出这种姿态的上司下面工作，对于所有下属来说都是难以忍受的。

问题场景：当待客态度无法统一时

W 女士，38 岁，是一名零售店的店长。门店主要经营进口日用品。他们公司在东京都内有四家门店。

W 女士以前是其他店的副店长，今年春季获得提拔后来到目前工作的门店。她手下有男女员工各一人，另外时常还会有五个左右的临时打工者。

她调过来没多久就苦恼缠身——下属的待客态度总是和她的要求相差甚远。

她发现员工的装束和用语存在问题。比起之前所在门店的员工，现在的下属常常说上几句就容易亲切起来，但是她总感觉有点混乱。他们虽说是临时打工，但毕竟是本公司的员工，更何况该门店的所有事务 W 女士都得负责，所以她不能等闲视之。

这是一个定位为经营时尚商品的门店，因为没有统一制服，故很难依据装束来区分员工。

其实 W 女士并没有什么特别的期望，她的希望简而言之就是"想让他们穿上合乎常识的服装"。然而 W 女士认为这样的表达现在的年轻人未必理解，所以她决定和下属一一直接对话，提醒他们多加注意。

W女士自己十分理解穿着打扮的乐趣，所以她尽可能地选用委婉的表达来提醒。

首先她将一个打工的男生叫到跟前。

"作为一个面对顾客的角色，我觉得你的发型有点不大合适。"

"是吗？那不好意思，我应该如何调整呢？"

"至少不应该让前面的头发遮住眼睛，我希望是更加普通的发型。"

她开玩笑似的说出这种话，并没有指望那个临时工会老老实实地听取。

"莫不是我的服装也不合适？"

好在那个临时工并没有因此伤心，因为迄今为止没有任何人告诉他任何相关注意事项，他仅仅是不知道应对顾客的常识。

W女士对这种直率的反应吃了一惊，后来她和临时工说话也是认认真真。自己头脑中的服装和发型是什么样子，自己为什么那么认为……当W女士结合自己之前失败的沟通再去谈话时，那个临时工就会认认真真地侧耳倾听。接着在第二天，他就发型干净利落地出现在了她的面前。

对自己的指导颇感自信的W女士，此次将一个女性临时工唤到面前。该员工几乎和正式员工一样倒班工作，最近她考虑将该员工录用为正式工。只是该员工在语言表达方面有所欠缺。

"你平时和顾客之间可是用朋友闲聊的口吻交流啊，最好不要那么说。"

"是吗，我什么时候那么说过呢？"

"现在我具体想不起来，但是我经常会发现。"

"嗯，那我以后尽量注意。"

W 女士觉得那个临时工并没有理解她的意思，因为在交谈中她发现该员工似乎未能表现出心悦诚服的样子。

其实至今为止，该员工的表达方式并没有引来顾客投诉。也许她是考虑到要加深和顾客的关系，才大胆使用朋友间交往时的语言表达，所以才对改变表达风格的要求心怀抵触吧。

"要是她本人这么想就没有办法了。"

W 女士对此事没有再作太多追究，后来也放弃了将她推荐为正式员工的想法，因为她觉得将该员工的语言表达有违门店的标准接待语。

从那之后，每当 W 女士注意到什么细节就会和当事员工谈话，每次都会提醒他们加以注意。后来她也注意到有人明白，也有人不理解。

一次，门店副店长（正式员工，女性）的一席话让她大吃一惊。

"店长，您还无动于衷吗？"

大概是听到了临时工们说"店长的指导没个准"这样的不满之声吧。

副店长起初把这样的诉说当作耳旁风，但是当她实际看到时也切实感到临时工们的说法似乎有道理，然后她才决定向店长进言。

解决方法：采取"一对多"原则，让所有员工明确统一的标准

因为了解管理者一职的重要性，所以我对 W 女士充满同情。不过

如果从下属的角度看，她的指导缺乏一贯性，那么她作为上司是有问题的。

特别是因为对外貌难以描述，所以如果上司在不同场合的指导不具有一贯性，下属就会异常矛盾。

我们当然应该注意要委婉地表达，并根据对方的性格改变表达方式。不过顾虑过多也会对对方造成不必要的伤害。也正是因为这一点，开门见山反而更好一点。

在某地方银行，是否允许女员工染棕发成了问题。当下"非黑（发）不可"的定律已经不再通用。不过，女员工将头发染成几近金色却不被允许。于是对于染棕发的问题，上司虽然想管，但是员工却并不听从，吵嚷着说上司滥用职权。

这同样说明了没有明确的标准就难以成事。

该银行在接受了专业顾问的建议后，根据美发店所使用的发色样本制定了自己的标准。如果员工把头发染得比样本标准更艳丽，那么上司就可以说"重新染吧"。

引入"MORS法则"的行动固化指导，运用在服装和发型上也是一样。

以W女士为例，她一对一地私下指导未能给人以深刻印象，要是她能将所有临时工都视为正式员工并进行一对多的群体指导则再好不过。

然后，告诉他们顾客中存在各种各样的价值观，通过思考"要做到被不特定多数的顾客认可，该当如何待客"，让每一位员工都能做好自己的目标设定。

年轻的临时工也许无法达到 W 女士所期望的水平，也可能完全无暇思虑自己的发型和语言表达问题，这是因为他们的思绪还停留在自己狭小的世界之中。

此时，W 女士若提议"在召开下次会议前，请你们到待客水平高的员工那里取取经"也是一个办法。

"看到有人从某宾馆前面走过来，A 是怎样应对的呢？"

"B 能不能调查一下某某百货商店的西服专柜情况？"

对 W 女士来说，她只需要看到员工们能够达到理想的待客水平并付诸行动，而通过这样的反复学习再去设定目标，也许每个人的目标水平都会逐渐提高。

任何场合都有缺乏经验、视野狭隘的下属，也有不能为顾全大局有所舍弃的部下。虽说人分多种，但标准雷打不动。

正因为多样化时代的到来，坚持一贯的标准才更加不可或缺。

05 客观性：永远不要轻易相信自己的"感觉"

人是主观性的生物。和自己相关的事自不必说，就连别人的问题也会去作主观判断。虽然人只能凭借自己的大脑进行思考，但是错误的主观意识一旦走了极端就会产生诸多麻烦。

某女从长期供职的设计公司辞职，她的设计能力和顾客评价都很高。正因为她被看好，是该公司的得力骨干，她的离职就更让众人惊诧不已。

后来，得知她辞职的理由是"不被领导赏识，心有不悦"时，她的女上司更是吃了一惊，百思不得其解。在上司看来，对她充满期待还来不及，更不要说有所嫌弃了。

某次，该女员工在廊下打招呼时被迎面而过的上司视而不见。如此数次之后，她就笃信自己不被待见。实际上在廊下行走时，上司是因为完全沉浸在思索中才没有注意到她的存在，所以也不知道当面错过打招呼的事。

她找同事诉苦，同事都安慰她说"你想多了""听说根本没那回事"，然而慰藉之词根本没有改变她的想法。

正如这个故事一样，人们的主观思想会产生与事实相悖的悲观判断。或是相反，对自己的评价超过了客观实际。

有一位课长在某项大工程的推进过程中病倒了，医生劝他住院治疗，但是他却百般不愿。他说："我若不去，工程将会半途而废。"然而，事实并非如此。就在他住院期间，工程进展得十分顺利并最后成功落地。

出院后，课长竟然因此受到了沉重的打击，就像这位课长对工程的成功落地毫无喜色一样，这样的态度在如今的职场不断蔓延。

就像这样，在商业公司里由于欠缺客观性而做的无用功比比皆是。

问题场景：当经验没有效果时

在 IT 相关企业工作的 T 先生，42 岁的时候从销售部调到了开发部。在销售部做课长时他取得了与职位相称的不俗业绩，后来虽然被调往开发部，他同样被任命为课长。感受到了"自己备受公司期许"，他干劲十足地意欲在新业务开发等方面取得巨大成就。

然而调动到新部门后，开发部差劲的氛围令他大吃一惊。他手下的六个人完全各忙各的，互相之间也不怎么寒暄。多数人都是早上一来就径直去往自己的工位，一股脑地循例坐在电脑前。一天当中，也有下属和 T 先生毫无沟通便下班而去。

之前在销售部时气氛活跃，他的下属每天都会到 T 的座位前和他打招呼。较小的沟通在那时便可以完成，尔后每个人都会心情大好地进入工作。然而在开发部，他的下属们就像是视 T 先生为无物一样只是一头扎进工作中。

其实也不尽然，他们并不只对 T 视若无睹，而是对任何人都如此。岗位陷入了沟通缺失的境地。

"这样谈何新业务呢。"

T 先生不禁愕然。在拓展新业务之前，他想必须首先改变职场的工作氛围。

于是他决定每周一举行晨会，届时 T 先生必然会将沟通的重要性强调一番，并让下属轮流发言，题目自定。这时有人会说孩子的运动会，也有人会提议更换复印机。

虽然只有五分钟左右，但是有了发言机会，大家都会这样那样地聊起来。

下属都得坚持发言。因为每周都会进行，所以他的六个下属会每一个半月轮流一次。

T 先生觉得自己的新尝试进展顺利，但是下属们却在背后议论纷纷。

"有时间搞那些，我还想早点开始工作呢。"

"那种发言难道不是强制性的吗？"

"听起来就觉得奇怪。"

还有评价更差的，那就是定于每月第三周周三举行的酒会。

在便宜的小酒馆开怀畅饮，而且一半的费用都是 T 先生来支付，下属们一人平均只不过付两千日元而已。

当 T 先生提到工作的话题时，下属们都中规中矩地乐于倾听。所以，T 先生觉得这个主意能很好地发挥作用。从销售部的经验看，他坚信酒会是进行良好沟通的最佳方式。

然而，下属们却将那天称作"魔鬼星期三"。T 先生所选择的小酒馆可以开怀畅饮且无时间限制，他称其为"毫无斋齑之气的好店"。所以这样一来，他们经常会喝到要赶最后一班车才结束。

T 先生在大学时代隶属体育部足球协会，至今他对自己的体力仍自信满满。即使赶最后一班车回家，第二天照样一早起来投入工作。然而，对那些不能豪饮的下属来说，放开喝酒毫无乐趣可言。而且，酒过三巡后酩酊大醉的 T 先生便开始说教，这也令下属们感到痛苦。

T 先生调到新部门半年来，晨会照开不误，酒会一贯坚持。然而，他却没有切身感受到职场沟通有所改善。

解决方法：充分沟通才能达成一致

如果说得严重一点，T 先生的措施是竹篮打水，空自折腾。他为了改变职场的工作氛围拼命想出各种招数，就连自己宝贵的时间和金钱也搭了进去，但是到头来却毫不奏效。

原因完全在于 T 先生用自己笃信的方法投入工作。

"发言中他们便可讲讲心里话。"

"酒会对谁来讲都应该是愉悦的。"

T 先生想着。然而，这些事全无客观性可言，他应该先听听下属的意见。

职场的沟通不畅并非贯彻上意便可解决。上司说"从今开始必须多多交流"，下属不会就那么去做。如果要求无法实现，团队的沟通就会不畅。上司越是下达命令，下属对某事的态度的差异就会越大。

　　如果借助行动固化指导改善沟通，T先生就应该听取下属的意见，然后才会有心得。

　　那么T先生的部门最初真的没有沟通吗，是不是沟通欠缺导致了工作不顺呢？

　　恐怕下属并不这样想，他们依旧循着自己的路子完成工作，也许他们觉得独自行动工作效率更高。而将销售部的工作方式强加给他们的正是T先生。

　　所以，如果T先生将大家集中起来告诉大家将要实施行动固化指导，并告知他们这么做的目的是"改善沟通状况"，也许下属会心中惊诧。

　　"课长是觉得和我们的沟通不好吗？"

　　于是，他们也许会有如下疑问：

　　"改善沟通是基于哪种考虑？"

　　此时，便是T先生给出答案的时候了。

　　"这是为了想出好主意推进新业务。"

　　听到这样的回答，也许下属们会欢喜地双手赞同。

　　"那太好了，是新业务吗？要真是这样，采用行动固化指导推进落实不是很好吗？"

　　如果进行客观思考，结果就会是这样。

　　行动固化指导对改善沟通帮助颇多，其效果也非常明显。当然，最重要的是提升业绩。如果能正确地发挥一个团队的作用去提升业绩，职场的工作氛围自然会一片和谐。

　　如上所述，在执行行动固化指导的过程中，指导者和成员为达到某一共同期待的结果，就得并肩携手。然后在达成目标之后，分享对方的感激和喜悦。

总之，为提升业绩而采取的行动固化指导会成为改善沟通的手段。采用过一次行动固化指导，就会对此有客观的理解。

要保持客观的眼光来解决职场中的所有问题，领导者只要明白一点即可，那就是提升业绩。而行动固化指导就是帮助领导者实现这一目标的强有力的工具。

后 记

随着少子化①进程的加剧，日本劳动力人口减少的趋势已不可避免。但是，恐怕多数人对这一问题的理解和现实颇有差距。

根据国土交通省国土审议会政策部长期展望委员会的汇总，日本人口并非"逐渐减少"而是"急剧减少"。明治维新时期，日本人口约3300万，"二战"结束后为7199万，而到2000年时人口增加至1亿2693万。和这种增长的曲线一样，日本人口锐减之势已通过预测获得。这可是十分可怕的事情。

人手不足的影响已在产业界初现端倪。

颇具人气的快餐连锁店已有数家倒闭。

大型制造企业不得不停止工厂生产线。

以临时工为主体的企业引入了正式员工制度。

即使是大企业，无论是面向刚毕业的大学生还是面向优秀的跳槽者都出现了招募困难的状况。零工和临时工的录用更是雪上加霜。就连刚毕业的大学生也不再选择中小企业。之前一贯的"不行就换"的

---

① 少子化指生育率下降，年轻人口逐渐减少。

人事政策已不再通用。如何使加入企业的宝贵人才不会中途辞职并将他们最终培养成熟，左右着企业的命运，而这一时代业已到来。

如果在感到培养人才"十分棘手"之后再采取行动便会为时已晚。我想我的时限只剩下六年了。

也许在 2020 年东京奥运会结束之前，景气状况尚不会塌陷。在奥运会支撑经济景气的时间里，企业一方面必须降低员工离职率，另一方面也要培养优秀的人才。如果不迅速采取行动，这样的企业恐怕会在十年后不复存在。

我多么希望企业能够带着这种危机感用行动固化指导应对改变。为了日本企业的未来，我衷心地期望更多的管理者认真对待。

石田淳

出版后记

"花了那么多力气指导员工，他们还是没什么长进，这是怎么回事？现在的年轻人就那么难带吗？"很多管理者都会有这样的疑问。有些领导把大量时间错花在了制订目标、加油鼓劲上，具体该怎么做，员工还是不清楚。还有些领导绞尽脑汁想和员工搞好关系，可实际上管理并不需要"投缘"。如此带人，是把力气用错了地方，徒劳无功也是理所当然。

针对上述职场常见的带人误区，日本的行为科学管理专家，日本、中国台湾畅销书作者石田淳，将行为心理学与东方人的特点相结合，为各层管理者提供了一套行之有效的带人方法——"行动固化指导"。这套办法简单直接、操作性强，管理者可有效指导员工，迅速提升业绩。与"只给鸡汤不给勺"的传统指导不同，"行动固化指导"的着眼点不在员工的"心情"而在他们的"行动"，它强调目标的正确设定、有效行动的分解与复制，以及指导效果的检验。本书用穿插全书的案例，具体地、手把手地教你如何做指导。掌握了作者给出的七大步骤、八个工具，你就能轻松解决指导的难题，切实提高下属的工作能力，让员工将正确的行动持续下去。

优秀的人才不能只靠招募，更要靠培养。后浪出版公司已出版《带人的技术》《交办的技术》等一系列有关如何教人、如何带人的书籍，为管理者提供了可资借鉴、实用有效的方法，敬请读者继续关注。

服务热线：133-6631-2326　188-1142-1266

服务信箱：reader@hinabook.com

后浪出版公司

2015 年 10 月

图书在版编目（CIP）数据

这样做指导，难带员工变能干 /（日）石田淳著；范宏涛译 . -- 南昌：
江西人民出版社，2016.3

ISBN 978-7-210-08257-6

Ⅰ . ①这…　Ⅱ . ①石…②范…　Ⅲ . ①管理学—通俗读物

Ⅳ . ①C93-49

中国版本图书馆CIP数据核字（2016）第038060号

BUKA NO KODO GA IKKAGETSU DE KAWARU! KODO COACHING NO KYOKASHO
written by Jun Ishida.

Copyright © 2014 by Jun Ishida. All rights reserved.

Originally published in Japan by Nikkei Business Publications, inc.

Simplified Chinese translation rights arranged with Nikkei Business Publications,

Inc. through Bardon Chinese Media Agency.

版权登记号：14-2016-0019

这样做指导，难带员工变能干

编著：[日] 石田淳

责任编辑：王　华　周泽任

出版发行：江西人民出版社

印刷：北京京都六环印刷厂

690 毫米 ×960 毫米　1/16　10 印张　字数 87 千字

2016 年 4 月第 1 版　2016 年 4 月第 1 次印刷

ISBN 978-7-210-08257-6

定价：36.00 元

赣版权登字 -01-2016-42

后浪出版咨询 (北京) 有限责任公司常年法律顾问：北京大成律师事务所
周天晖 copyright@hinabook.com

未经许可，不得以任何方式复制或抄袭本书部分或全部内容

如有质量问题，请寄回印厂调换。联系电话：010-64010019